결혼이 불안한 당신에게

행복한 결혼을 위한 101가지 조언

결혼이
불안한
당신에게

시드니 J. 스미스 지음 | 나선숙 옮김

행복한 결혼을 위한 101가지 조언

큰나무

이 책은 결혼 후에 생길 수 있는
최악의 불미스러운 일을 미연에 예방할 수 있는
처방전이 될 것입니다.

"과연 이것이 결혼의 전부일 까?"라고 생각하며 눈을 뜨게 되는 아침, 당신의 신혼의 즐거 움은 종말을 맞이한다. "저 사람은 내가 생각했던 그런 사람이 아니야. 처음 만났을 때는 너무 근사한 것 같았는데. 어떻게 된 거지? 뭐가 잘못된 걸까?" 어쩌면 이렇게 회의에 빠지게 될지 도 모른다. "이 사람만은 다른 사람들과 다른 줄 알았어. 그런 데 잘못 선택했던 거야. 아, 나의 이상형을 만나게 될 날이 있 을까?"

이런 생각에 자주 빠져드는 사람, 혹은 장래의 배우자감에 대해서 고민하는 사람이라면, 이 책을 선택한 것이 아주 잘한 일이다.

결혼을 앞둔 사람들을 살펴보면 의외로 불안해하는 사람 들이 꽤 많다. 심지어 결혼식장에 들어설 때조차 그 불안감 을 떨쳐 버리지 못하기도 한다. 이런 생각이 드는 가장 큰 이 유는 서로를 잘 모르고 있어, 앞으로 어떤 문제들이 들이닥 칠지 예상할 수 없기 때문이다. 바로 그 이유 때문에, 결혼을 결심하기에 앞서 이 책에 나와 있는 질문들을 자문해 볼 필요가 있다.

　나의 아내 매들린과 내가 보낸 각각의 결혼생활 기간을 합치면 총 108년이 된다(첫 번째 결혼으로 그녀는 54년, 나는 50년, 여기에 우리가 함께 보낸 4년을 더하면). 우리는 젊은 시절의 성공적인 결혼생활과 지금의 행복한 결혼생활을 통하여 많은 것을 배웠다.

　그 풍부한 경험을 토대로, 행복한 결혼생활의 요건이 무엇인지, 결혼에 돌입하기 전에 어떤 것들을 꼭 알아야 하는지에 대해서 얘기해 보고자 한다.

　나이가 몇이든 인종이 어떻든 간에, 결혼을 생각하는 사람이라면 누구에게나 이 책이 도움을 줄 수 있을 것이다. 개중에는 혼자서 생각해 봐야 할 질문들도 있고, 장래의 배우자와 같이 얘기해 봐야 할 중요한 질문들도 있다. 당신의 상황이나 삶의 방식에 딱 들어맞는 질문도 있을 테고, 그렇지 않은 것도 물론 있으리라 생각한다. 하지만 단 하나의 질문으로라도 두 사람에게 진지한 대화의 계기를 마련해 주었다면, 그것만으로 우리는 흐뭇하고 만족스러울 것이다.

결혼이란 두 사람이 함께 인생을 살아가겠다고 약속하는 신성한 의식이다. 아직 인생 경험이 풍부하지 못한 사람이라면 결혼의 진짜 의미를 자칫 모르고 있을 수도 있다. 이 책은 그 출발점을 제공해 줄 것이다. 시간을 갖고 이 책에서 제시하는 질문들을 생각하거나 함께 상의해 보길 바란다.

결혼한 후보다는 결혼하기 전에 서로의 차이를 깨닫는 편이 더 낫다. 해결할 수 없는 문제가 생긴다면, 당신의 행복을 염려해 주는 진실한 친구나 선배, 또는 형제자매에게 마음을 터놓고 얘기해 보는 것이 좋다.

어떤 중요한 문제가 영영 해결될 것 같지 않다면, 다시 한 번 생각해 봐야 할 필요가 있다. 길고 힘겨운 이혼 과정에 비하면 결혼식은 짧은 순간에 지나지 않는다. 앞으로 어떤 문제가 닥치더라도 서로에 대한 사랑으로 이겨 나갈 수 있다는 생각이 들지 않는 한, 성급하게 결혼으로 뛰어들지는 말아야 한다.

사랑하는 사람과 인생을 함께 할 수 있다는 것은 하늘이 내려 준 가장 멋진 선물 중의 하나다. 그 점을 명심하면서 결혼 전에 이 책의 과정을 거친다면 성공적인 결혼생활로 보상받을 수 있을 것이다.

인생의 특별한 누군가와 함께 진실한 사랑과 감사를 나눌
수 있기 바란다.

함께 만들어 갈
미래에 대한 질문들

행복한 결혼생활은 당신의 집뿐만 아니라

당신의 마음에도 불을 밝혀 준다

_ 시드니J. 스미스

결혼을 생각한다는 것 자체가 모험의 시작이다. 혼자서는 갈 수 없는, 그래서 도전적인 경험이 될 수 있는 것이 바로 결혼이다. 이 책을 펼쳐 들었다는 것은, 당신이 결혼에 대해서 배울 의지가 있고 결혼을 꿈꾸고 있다는 뜻이리라. 꿈을 꾼다는 것은 매우 중요하다. 그러니 되도록 커다란 꿈을 꿔라. 하지만 어느 순간 늘 현실이 곁에 있다는 점을 잊어서는 안 된다. 당신이 그것을 예상했든 예상치 못했든 상관없다. 함께 살아가는 일상을 경험할 때 결국 현실이라는 녀석이 그 거대한 입을 벌리며 다가올 것이다. 하지만 지금은 당신의 꿈과 소망에 대해서 우선 생각해 보기로 하자.

꿈과 목표가 없는 결혼은 방향 잃은 난파선과 같다. 서로의 소중한 꿈과 미래의 소망을 알아 가는 것만으로도 결혼의 방향을 잡을 수가 있다. 그런 노력을 하다 보면 생각의 전환이 생기거나, 때로는 전혀 새로운 깨달음을 얻게 되기도 한다. 한 예로, 당신의 꿈이 한곳에 머무르지 않고 세계 각지를 돌아다니는 것이라고 가정해 보자.

반면에 당신의 배우자는 200Km 떨어진 디즈니랜드로 달려가는 것이 앞으로 살아가면서 한 번쯤 경험해 볼 만한 흥분(혹은 일생일대의 여행 계획)일 수도 있다. 그렇다면 두 사람은 타협점을 어디에서 찾아야 할까? 두 사람 모두 1년에 한 번씩 편안한 휴식처를 찾아가자는 식의 합의점에 도달할 수 있을까?

꿈은 가장 가난한 사람들에게조차 풍요로운 세상을 살 수 있게 해 주는 힘이 있다. 그 꿈을 사랑하는 동반자와 함께 할 수 있다면 얼마나 행복해지겠는가. 두 사람 모두 중요하게 여기거나 받아들일 수 있는 목표를 정하는 것이야 말로 결혼을 맹세하기 전과 후에 거쳐야 할 중요한 단계이다. 바로 이러한 과정이 두 사람을 하나로 묶어 주는 역할을 할 뿐만 아니라 결혼식장에서 한 서약이 영원할 수 있도록 만들어 준다. 당신의 배우자감과 같이 미래의 꿈을 얘기해 보고, 두 사람의 꿈을 함께 이뤄나갈 수 있는 방법을 찾아보라.

결혼생활은 평생을 함께 가는 여행이다. 저 멀리 항구에서 기다리고 있을 진정한 행복을 찾아 꿈의 바다를 헤치고 나아가는 과정인 것이다. 그 여행에서 그대의 모든 꿈들이 실현되기를 진심으로 바란다!

결혼하기 전에 미리 살아 보는 건 어떨까?

불과 바로 윗세대만 보더라도 결혼 전의 동거는 부도덕한 것으로 여겨졌다. 하지만 요즘은 어느 정도 허용하는 분위기 쪽으로 사회가 흘러가고 있다. 왜 이러한 변화가 생겼을까? 그 하나의 대답으로 1970년대의 성 혁명(sexual revolution, 유럽 대학생들이 피임약 사용의 자유를 외치면서부터 성 해방에 대한 담론이 시작되었다)을 들 수 있을 것이다. 하지만 혼전 섹스와 결혼 전에 함께 사는 것은 똑같지가 않다. 동거를 결정한 커플은 결혼을 하고 나서 뜻밖의 모습을 발견하고 놀라워하는 것보다 그전에 서로를 잘 아는 게 중요하다고 말한다. 돌이키기 힘든 결정을 내리기 전에 올바른 배우자를 선택한 것인지를 확인하고 싶어서, 또는 결혼의 장점을 누리면서 이혼에 따르는 복잡한 문제들을 피할 수 있기 때문에 좋다고 여기는 커플들도 있다. 반면에 개인적인 혹은 종교적인 신념 때문에 동거를 거세게 반대하는 사람들도 있다. 결혼실태 조사에 따르면, '처음 결혼하는 부부의 반 이상이 동거부터 시작한 경우'라고 한다. 또한 '결혼 전에 동거했던 부부가 결혼한 후에 파경을 맞게 되는 비율이 더 높다'는 수치도 함께 제시되어 있다. 그렇다면 동거가 결혼을 위한 적절한 시범조치는 아닌 것 같다. 이 보고서는 '결혼 전에 함께 살지 말거나 아니면 아주 짧은 기간 안에 동거를 끝내는 것이 낫다'는 결론을 내리고 있다.

지금 동거를 염두에 두고 있는 사람이라면, 무작정 짐부터 옮기지 말고 그전에 이 책의 질문들을 검토해 보기 바란다. 결혼하지 않은 상태에서 관계를 정리하는 것이 결혼한 후에 관계를 정리할 때보다 경제적으로 덜 복잡해질 수는 있다. 하지만 이런 관계에서 헤어질 때에도 마음의 상처는 여전히 남게 된다. 좀 더 신중하게 생각하면 피할 수 있는 상처를 어째서 불필요하게 만들어야 하는가? 오늘 당신이 내린 결정이 당신의 미래를 바꾸어 놓을 수 있다. 그러므로 올바른 선택을 하기 위해 최대한의 노력을 기울여야 할 것이다.

 결혼 전에 동거했던 친구들과 그렇지 않았던 친구들 모두와 얘기해 보자. 양쪽의 얘기를 잘 듣고 각각의 장·단점을 생각해 본 후에 결정하는 것은 당신 자신의 몫이다.

나는 왜 결혼하고 싶어할까?

사람들이 결혼하고 싶어하는 이유를 들어보면 놀라울 정도로 다양하다. "나만 빼고 다른 친구들이 다 결혼했으니까"에서부터 "항상 결혼을 꿈꿔 왔으니까" "집세와 다른 생활비를 함께 낼 사람이 필요하니까"(이것도 실제로 들은 말)까지 제각각 다른 이유들이 있다. 그래서 자신에게 그리고 서로에게 이 질문을 해 보는 것이 중요하다. 게다가 일반적인 부부들이 하는 대답 "우리는 왜 결혼하고 싶어했지? 왜냐하면 사랑했으니까!"보다 더 현실적인 대답이 있어야 한다. 사랑도 물론 없어서는 안 될 중요한 조건이다. 하지만 그 한 가지만으로 결혼을 결정해서는 안 된다.

인생을 살아가다 보면 많은 시련이 닥친다. 친한 친구들과 직장 동료들에게 "나 결혼하기로 했어"라고 말하는 것이 흥분되는 경험이긴 하겠지만, 남은 인생을 함께 살아갈 올바른 사람을 선택하는 것이 당신의 인생에 있어 가장 중요한 결단 중의 하나임을 명심해야 한다. 부모님이 결혼 상대를 정해 주는 사회에서 살고 있다면야, 당신은 그대로 따르기만 하면 되니 애써 당신이 나서서 결정할 필요는 없을 것이다.

동거는 아니지만, 놀랍게도 정략결혼을 한 부부가 본인들 스스로 선택해서 결혼한 부부만큼이나 성공적으로 살아간다는 결과가 나와 있다. 그렇다면 자녀들이 모르는 무언가를 부모님이 알고 있는 것은 아닐까?

또 어떨 때 보면, 서로를 사랑하는 것 같긴 한데 사실 전혀 어울리지 않는 커플들이 있다. 그들이 서로를 이상형으로 여긴다 해도, 그들의 가족과 친구들은 앞으로 생겨날 문제들을 예견할 수가 있는 경우다. 그 가족과 친구들은 차마 반대하지 못하고 끙끙 앓기만 하다가, 그 관계의 문제가 불거져 나와 결국 결혼식장에 들어서기 전에 헤어지기로 결정했을 때에서야 비로소 모두들 안도의 한숨을 내쉬곤 한다.

사귀는 과정과 실제 결혼생활과는 많은 차이가 난다. 사랑에 빠져 있을 때에는 문제가 생겨도 헤쳐 나갈 수 있다고 생각하기 쉽다. 하지만 생각과 현실이 다르다는 것을 명심해야 한다. 우선, 당신이 결혼하고 싶어하는 이유들을 조목조목 적어 보기 바란다. 당신의 배우자감에게 결혼에 대해 당신이 지니고 있는 그림들을 얘기해 보라. 구체적인 설명이어야 한다. 또 상대방에게도 구체적으로 물어 보아야 한다. "남편과 아내가 각자 어떤 역할을 해야 한다고 생각하나요?" 이런 질문이 예가 될 수 있을 것이다.

이런 구체적인 질문이 미래의 결혼을 구체화하는 데 도움이 된다. 거기에 두 사람 공통의 목표도 덧붙여 보기를 바란다. 이런 문제를 솔직하게 터놓고 얘기한다면 평생의 성공적인 관계를 이끌어 내는데 한 걸음, 아니 두 걸음 더 바짝 다가갈 수 있다.

가족과 친구들이 당신의 결혼에 대해 걱정하고 있다면 그들에게 솔직하게 묻고 그 대답을 신중하게 생각하자. "이들의 결합에 법적인 문제를 제시할 사람은 지금 말하십시오, 그렇지 않을 거라면 앞으로 영원히 입을 다무십시오." 이런 말을 했을 때 진짜 누군가가 나서는 경우는 영화에서나 일어나는 일이다.

결혼하게 되면 나의 목표들을 포기해야 하는 걸까?

결혼을 막상 생각하게 되었을 때, 결혼생활의 책임감과 내가 스스로 세워 두었던 목표들 사이에서 갈등을 겪게 되는 경우가 있다. 결혼생활의 책임감에 우선 가치를 두어야 할까, 아니면 나의 목표들을 계속 추구해야 할까? 결혼식장에서 "네"라고 대답할 때까지는 독립적인 개인으로서 행동할 수 있다. 하지만 그 말을 일단 내뱉고 나면 새로운 의무와 책임감이 생기게 된다. 당신이 독신으로서 세웠던 목표들 중 어떤 부분이 불가능해질 수도 있다. 하지만 좌절하지 말라! 그것을 희생시킬 필요는 없다.

서로의 희망과 꿈의 중요성을 이해하고 상의할 수 있는 부부라면, 그 꿈을 이루기 위해 함께 노력할 수도 있어야 한다. 다행히도 서로의 목표가 비슷한 방향이라면 결혼생활과 병행해 나갈 수 있는 목표가 될 것이다. 서로의 희망을 지원해 주면 그 목표들을 더 쉽게 이룰 수 있고, 배우자가 중요한 목표를 성취했을 때 그 성공을 함께 나누는 기쁨까지 더할 수도 있다.

인생에는 똑같은 것 혹은 그보다 더 가치 있는 것을 얻기 위해서 어느 하나를 포기해야 할 상황들이 있다. 하지만 이것과 자신에게 중요한 무언가를 포기하는 것과를 전혀 다르다. 그 포기가 원망이나 분노의 감정으로 이어진다면 결혼생활이 중대한 위험에 처하게 될 수 있다.

부유하게 살고 싶은가?

당신이 바라는 생활 스타일은 어떤 것인가? 수영장과 테니스 코트가 있는 커다란 저택에서 살고 싶은가? 자녀들을 값비싼 사립학교에 보내고 싶은가? 결혼한 후에 부부가 모두 고급 승용차를 굴려야 한다고 생각하는가? 둘 다 그러한 야망을 공유하고 있는가?

자신들이 앞으로 희망하는 미래를 상의하지도 않고 결혼에 돌입하는 부부들은 가끔 이러한 의견 차이 때문에 난관에 부딪히곤 한다. 당신이 열심히 일하는 타입이면서도 돈에 연연하지 않는 경우라면, 배우자에게 그러한 것을 미리 알려야 한다. 돈을 중요시 여기는 경우에도 마찬가지다. "결혼한 후에 남편이 좀 더 연봉이 많은 직장으로 옮겼으면 좋겠어. 우리가 풍족하게 생활하려면 돈을 더 많이 벌어야 할 테니까" 당신이 이런 생각을 하고 있다면 어떨까. 이렇게 생각한 것을 알리지도 않고 결혼을 맹세한다면 나중엔 파국으로 치닫는 것일 수도 있다.

편안하고 풍요로운 삶을 바라는 것은 잘못된 게 아니다. 경제적으로 풍족하면 돈 걱정 없이 취미생활을 즐기거나 다른 행복을 추구할 수 있는 자유가 생긴다. 하지만 돈만 있다고 행복해지는 게 아니라는 점도 명심해야 한다. 행복한 결혼생활을 위해서는 다른 여러 가지 조건들이 함께 따라 주어야 한다.

거액의 복권에 당첨됐다고 해서 그 부부가 행복해지는 건 아니다. 오히려 복권에 당첨된 후 이혼하는 부부들이 꽤 많다. 결혼을 생각할 때에는 마지막 보상, 즉 오랫동안 사랑할 수 있는 관계에 초점을 맞추어야 한다.

함께 살 장소가 마음에 드는가?

함께 살 집이 생긴다는 것은 사랑하는 두 사람의 마음을 흥분으로 설레게 한다. 하지만 한편으로 어느 한 쪽이 새로운 보금자리를 위해 살고 있는 장소를 멀리 옮겨야 할 경우에는 두려운 경험이 될 수도 있다.

우선 '나는 어떤 곳에서 살기 싫은가?'를 생각해 보라.

어차피 직장을 고려한다면 어쩔 수 없이 그 근처에서 신접살림을 차려 새로운 장소에 적응해야 할 것이다. 그렇지 않다면, 두 사람이 서로 타협을 보아야 한다. 예를 들어, 한 사람은 대도시의 중심지에 직장이 있고, 다른 한 사람은 시내 중심에서 사는 것을 몹시 싫어한다고 가정해 보자. 그렇다면 그 주변 지역을 알아볼 수 있을 것이다.

한쪽이 출·퇴근 시간을 조금 늘리는 것으로 두 사람의 관계에 생길 수 있는 스트레스를 덜어 줄 수 있다.

당신이 남자가 살던 집으로 들어가야 할 입장일 수도 있다. 이미 그 집의 방들을 어떻게 개조할지를 다 구상해 두었을지도 모른다. 그런데 그 생각을 배우자에게 알려 주었는가?

신혼여행에서 돌아왔을 때 새로운 가구와 벽지를 바르는 사람들로 거실이 북적거린다면 남편이 좋아할 것 같은가? 그런 식으로 남편을 놀라게 하지 않는 편이 나을 것이다.

남편과 아내로서 생활을 시작하기 전에, 서로의 취향을 확인하고 당신이 실내 장식을 어떻게 바꾸고 싶은지 미리 알려 줄 필요가 있다. 대부분의 남자들의 경우 이런 일을 아내에게 모두 맡겨 놓는다. 하지만 이불색깔 하나 마음대로 바꿀 수 없는 여자도 있다.

또 어떤 남자는 여자 마음대로 집을 꾸며도 좋다고 했지만, 막상 이사할 때가 되자 남자가 몇 년 전 세일할 때 사들였던 엄청나게 크고 보기 흉한 분홍색 소파를 가져가겠다고 해 결국 타협안을 찾아내긴 했지만, 남편이 고집을 꺾을 때까지 여자는 속을 끓여야 했다.

결혼생활이 계속되는 동안, 당신의 취향이 변하거나 필요로 하는 것들이 자연스럽게 바뀌는 경우가 생기게 된다. 새로운 직장 때문에 이사를 가야 할 수도 있고, 아기를 낳아서 더 넓은 공간이 필요해질 수도 있다.

아니면 너무 세련된 장식에 싫증이 나서 좀 더 고풍스런 스타일로 바꾸고 싶을 수도 있다. 어떤 경우이든, 조급하게 굴지 말라. 천천히 서로의 의견에 마음을 터놓고 그 여행을 즐기면서 나아가는 것이 좋다.

 당신이 장미꽃으로 뒤덮인 작은 오두막을 꿈꿔 왔을 수도 있지만 처음 가정을 꾸릴 때에는 타협할 준비를 해야 한다. 변화는 천천히 만들어 낼 수가 있다.

외국에서 살 수 있을까?

당신의 약혼자가 외국에서 일할 가능성이 있는 직업이라면, 당신이 외국에서의 생활을 받아들일 수 있을지에 대해서도 생각해 볼 필요가 있다. 언뜻 생각하기에는 낭만적인 것 같지만, 외국 생활에 적응하는 일이 결코 만만치가 않다. 새로운 친구들을 사귀어야 하고, 새로운 말까지 익혀야 한다.

세계가 일일생활권으로 변하는 요즘 추세로 볼 때 외국으로 나가는 기회가 항상 남의 일이 될 수만은 없다. 모험을 즐기는 타입이거나 도전적인 성격이라면 이런 기회를 받아들이는 자세가 달라질 수 있을 것이다.

하지만 세계를 유람하러 다닌다는 것과 다른 문화의 한 부분으로 소속된다는 것은 전혀 다른 일이다.

당신의 배우자감이 원래 외국에서 자란 사람이라면, 그곳으로 돌아가고 싶어 할 가능성도 생각해 봐야 한다. 실제 있었던 일을 예로 든다면 한 여성이 다른 나라 출신의 남자를 만나게 되었다. 그들은 같은 직장에서 일을 했고, 가치관이나 종교적인 배경, 취미까지 비슷했다. 그야말로 하늘이 점지해 준 인연인 것 같았다. 그들은 결혼해서 자녀를 둘 낳았다. 어느 정도 세월이 흐른 뒤에 그 남자가 더 이상 미국에서 일할 수 없는 처지에 놓였을 때 그때 마침 고국에서 꽤 괜찮은 조건의 취업제안이 들어왔다. 그들은 가족 전체가 이사 가는 문제를 오랫동안 의논했지만 아무래도 새로운 나라에서 적응해서 살 자신이 없는 그녀였기에 결국 그들은 헤어지기로 했다.

이 사실은 두 사람 모두에게 힘든 결정이었다. 결혼하기 전에 예상했던 일도 아니었다. 이런 상황을 미리 예측할 수만 있었다면, 결혼하지 않았거나 최소한 다른 타협안을 찾아보았을지도 모르는 일이었다.

 미래에 생길 수도 있는 문제들을 미리 인식하고 있으면 가끔은 (항상 그렇다는 것은 아니다) 원치 않는 이별이나 이혼을 피할 수 있다.

극단적인 상황에서도
이 결혼을 지켜 나갈 수 있을까?

결혼을 결심할 때에는 흔히 아름다운 영상들을 떠올리곤 한다. 아이들을 낳아 기르고, 사업을 시작하거나, 퇴직한 후에는 함께 여행을 다니면서 우아하게 늙어 가는 모습…. 하지만 결혼생활에서는 뜻하지 않은 사건들이 아주 많이 일어난다. 행복하고 기쁜 일도 있겠지만, 그렇지 않은 일들도 생기기 마련이다. 그중에서도 어떤 연령에서건 일어날 수 있는 가장 불행한 사건은, 배우자가 치명적인 병에 걸려서 갑자기 다른 한쪽이 그 고통스런 상황을 감당해 내야 하는 경우다. 이런 상황에 어떻게 대처할 것인가? 자신의 꿈을 접고 지금 당장 배우자만을 위해 정신을 집중시킬 수 있을까?

이런 상황에서 자신이 어떤 반응을 보이게 될지 정확히 예측하긴 어렵다. 하지만 그러한 사건을 견뎌 내려면 기본적인 끈기와 힘이 필요하다. 장래의 배우자감이 그런 힘을 지니고 있을까? 일단 비극적인 일이 발생하면 그 후로 많은 일이 꼬리에 꼬리를 물고 이어진다. 생활 방식이 바뀌고 경제적인 어려움이 닥친다. 자녀들을 포함해서 가족 전체에 그 일을 알려 주어야 하고 준비를 해야 한다. 그 외에도 감당해야 할 일들이 부지기수다.

그런 시련이 닥쳤을 때 가족의 의지가 강하다면 미래를 위해 계획했던 일들을 뒤로 하고 가장 시급한 문제에 함께 맞서 싸울 수 있다. 당신은 그 준비를 미리미리 해 두어야 한다.

미래를 계획해 보자. 가끔은 자신의 힘으로 감당할 수 없는 일들이 생기기도 한다. 그 변화에 적응할 수 있게 융통성을 지니고 어떤 일이 닥치든지 서로를 지원해 줄 수 있는 마음가짐이 중요하다. 그 마음가짐을 가장 큰 목표로 세워야 한다.

가정 환경에 대한
질문들

나는 결혼생활을 하면서
처음으로 비폭력의 개념을 알게 되었다.

_ 마하트마 간디

비슷한 환경에서 자란 사람들이 결혼을 하면 천양지차의 환경을 지닌 사람들의 결혼생활보다 더 조화를 이루기가 쉽다. 그 이유가 무엇일까? 이미 익숙해 있던 습관들을 처음부터 공유할 수 있기 때문이다. 비슷한 가치관과 양육법을 지닌 부모 밑에서 자랐기 때문에 서로에게 어떤 것을 기대해야 하는지 어느 정도는 잘 알고 있다.

이런 부부는 많은 면에서 암묵적인 동의를 이끌어 낼 수 있다.

물론 서로 다른 환경을 지닌 부부도 성공적인 결혼생활을 꾸려 나갈 수 있다. 하지만 그들의 관계는 보다 힘든 과정을 거쳐야 할 가능성이 높다. 서로 다른 생활 습관과 가치관 들을 수정하고 맞춰 나가야 하기 때문이다. 서로의 관심사를 공통적인 것으로 조정해야 하고, 가정에서의 각자의 역할도 다시금 규정해야 한다. 중요한 문제뿐만 아니라 사소한 문제들까지 타협을 거치거나 동의를 구해야 할 것이다.

그래서 종교적·문화적인 차이, 경제적인 환경의 차이 등에 각별한 관심을 기울일 필요가 있다. 이런 것들이 자녀를 키우는 방법에서부터 시작하여 먹는 음식의 종류, 심지어 집안에 들여 놓는 가구를 결정하는 부분까지 모든 면에 영향을 미칠 수가 있다. 그러므로 결혼을 결심하기 전에 배우자의 가정환경과 어린 시절에 대한 이야기를 함께 나누는 것이 중요하다. 이것은 받기만 하는 것이 아니라 서로 주고받을 수 있는 관계를 위한 준비과정이다. 누구 하나 질 필요 없이, 모두 이길 수 있는 관계를 만들어 나가도록 하자.

형제자매는 몇 명인가?

장래의 배우자감에게 형제자매가 없을 경우, 그것은 당신에게 좋을 수도 있고 나쁠 수도 있다. 외동아이는 부모의 관심이 분산될 만한 다른 형제자매가 없기 때문에 제멋 대로일 가능성이 높다. 밤낮으로 부모님의 맹목적인 관심을 독차지하며 자란 아이라면, 그 사람이 당신의 배우자로서 당신이 필요로 하는 부분을 충족시켜 줄 가능성은 희박하다고 봐야 한다. 반면에 그 부모가 하나의 인격체로서 사랑을 베풀었다면, 그 아이는 사랑이 갖는 환경에 대해서 잘 알고 있다는 뜻일 수도 있다.

따라서 제멋대로 자란 아이는 어른이 되어도 어렸을 때와 같이 요구사항이 많고, 그것은 원하는 것을 무엇이든 가질 수 있었던 경험이 새로운 환경에서도 계속될 것이라고 기대하기 때문이다. 그렇다면 두 사람 모두 외동아이로 자란 경우 누가 누구에게 주어야 하는 걸까? 결정할 일이 있을 때마다 결혼 생활이 전쟁터로 돌변하지 않으려면 무언가 확신이 필요할 것이다.

한편, 장래의 배우자가 대가족 속에서 자랐는데 필요한 관심을 충분히 받지 못했다면, 당신이 대신해 주기를 바라는 것 또한 힘들어 할 수 있다. 흔히 대가족에 속해 있었으면 행복했을 거라고 생각하지만, 그와는 반대로 부모님의 관심 부족을 원망하며 자라는 사람들도 적지 않다. 이렇듯 외동으로 자랐다고 해서 꼭 나쁘거나 대가족 속에서 자랐다고 해서 꼭 좋은 것만은 아니다. 각기 장·단점이 있을 수 있다.

서로 다른 환경에서 익힌 생활 습관과 서로에 대한 요구사항을 지닌 두 사람이 적응해 나가려면 상당한 인내와 애정이 필요하다. 두 사람이 각자의 관심을 독차지하겠다고 고집한다면 어떻게 그 관계가 성공할 수 있겠는가. 따라서 타협이 가장 중요한 열쇠이다. 서로 얼마나 상대방의 욕구에 관심을 가져 주고 배려하느냐가 성공을 판가름한다. 배우자가 당신의 욕구에 귀기울여 주고 당신도 똑같이 상대방이 원하는 것을 배려해 준다면, 부부로서 함께 살아가는 과정이 만족스러울 것이다.

사람과의 관계에서 갈등이 생기는 건 어쩔 수 없다. 자연스러운 일상의 일부분이지만 그 갈등에 어떤 식으로 대처하느냐에 따라 결혼생활이 유지되기도 하고 깨지기도 한다. 타협하는 방법, 갈등을 풀어 가는 방법을 배우는 것이 건강한 결혼생활의 필수 요소다.

배움에 대한 생각은 어떠한가?

학교 졸업장이 인생의 성공을 가늠하는 잣대가 되는 것은 아니다. 풍부한 인생 경험과 직업적 훈련으로도 자신의 존재를 널리 알릴 수 있다. 하지만 부부가 되기 위해서는 교육적인 배경에 대해 서로 어떤 감정을 갖고 있는지를 알아야 한다. 장차 결혼할 여자가 대학을 나왔고 당신은 나오지 않았을 경우, 열등감이 느껴지지는 않는가? 아내가 연봉을 더 많이 받는 직업일 경우 질투가 나지는 않는가?

교육수준이 너무 많이 차이 날 때에는 문제가 일어날 수 있다. 장래 배우자감의 가정환경을 살펴보라. 집안에 책이 많이 꽂혀 있는가? 부모님이 독서를 권장하고 학구적인 열의를 지니신 분들인가? 당신이 독서를 좋아하는 편이라면, 생전 책 한 권 읽지 않는 배우자와 행복하게 살 수 있을까? 부부 관계가 성공적이고 지속적으로 이어지려면 얼마나 많은 지적 자극이 필요하다고 생각하는가?

지성의 종류는 매우 다양하며, 대개의 사람들이 각기 다른 타입의 지성을 소유하고 있다. 예를 들어, 어떤 사람은 매사에 분석적으로 생각하는 반면 어떤 사람은 감정에 더 비중을 두기도 한다. 또 기억력이 아주 좋아서 사소한 것들까지 웬만해서 잊어버리지 않는 사람도 있고, 물건을 조립하는 일이나 상황을 파악하여 결론에 이르는 능력이 뛰어난 사람도 있다. 이러한 능력들은 공적인 교육만을 통해서가 아니라 인생 경험을 통해서도 얻을 수 있다. 과정이야 어떻든 간에, 그러한 재능을 함께 나누는 것은 받는 사람에게 뿐 아니라 나눠 주는 사람에게도 큰 기쁨이 될 것이다.

배움에 대한 서로의 태도를 확인해 보자. 한 사람이 성장하려면 오랜 기간을 거치는 지속적인 노력이 필요하다. 서로를 위해서 계속 배울 수 있는 환경을 조성해 준다면 결과적으로 두 사람 모두 유익을 얻을 수 있다.

부모님의 결혼생활은 어떠했을까?

사람들은 누구나 자기가 보고자란 부모님의 결혼생활에 영향을 받는다. 금실 좋은 부모 밑에서 자란 사람들은 흔히 결혼에 대해서 긍정적인 생각을 갖게 된다. 부모님이 서로에게 자주 사랑을 표현하면서 자녀에게도 그 사랑을 나누어 주었다면, 그 자녀도 나중에 배우자와 자녀들에게 똑같은 사랑을 베풀 수 있을 것이다. 하지만 부모님의 결혼생활에 다툼이 잦았거나 불행했다면, 대개의 경우, 그 자녀는 결혼에 대해서 부정적인 생각을 갖게 될 수가 있다.

만약 당신과 당신의 배우자가 알고 있는 사람 중에서 바람직한 결혼상을 보여 주는 이들이 있다면 '그들에게 배워야 할 것이 무엇이며 어떤 점이 매력적으로 느껴지는가?'를 함께 이야기해 보는 것도 좋은 방법이다.

배우자의 부모님이 어떤 결혼생활을 했는지 알고 있는가? 그것을 알면 그 배우자감이 앞으로 결혼생활에서 어떤 행동들을 나타낼지 여러모로 짐작할 수 있다. 장래 배우자의 부모가 이혼을 했다면, 그분들이 왜 이혼을 했는지, 그 일이 그에게 어떤 영향을 미쳤는지를 얘기해 보라. 당사자인 배우자의 가슴속에 억눌려 있었던 감정들을 대화로 인해 달래주면, 서로를 이해하는 계기가 될 수도 있을 것이다.

각자의 부모님이나 친구들에게 어떤 부분을 결혼생활의 성공으로 여기는지, 또 어떤 부분을 결혼생활의 실패로 여기는지 솔직하게 물어보자.

배우자의 가정 병력은 어떠한가?

   결혼을 결심하기 전에, 배우자감의 가족 중에서 알코올 중독이나 정신병 또는 불치병이나 다른 심각한 상태의 질병을 앓은 사람이 있는지 알아보아야 한다. 그 중에 속하는 요인이 하나만 있더라도 당신의 결혼생활에 심각한 문제를 일으킬 수 있다.

   그 가족의 음주 습관이나 심각한 질병 여부에 대해서 물어보라. 그리고 심각한 질병을 앓은 사람이 있었다면 어떤 방법으로 대처했는지도 알아볼 필요가 있다.

   혹시 좋지 못한 상황을 알게 될까 봐 이런 섬세한 부분을 건드리려 하지 않는 사람들도 있고, 그 질문을 하더라도 만족스런 대답이 나오질 않아서 꼬치꼬치 캐물어야 하는 경우가 생길 수도 있다. 하지만 결혼한 뒤보다는 그 전에 그런 사실들을 아는 편이 더 낫지 않을까? 당신의 결혼에 영향을 미치지 않을 거라고 자신할 수 있을 때까지 각종 정보를 확보해 두는 편이 앞으로의 행복을 위해서 훨씬 유익하다.

처음 시작이 건강할수록 결혼생활도 더 건강해질 수 있다. 이 점을 잊지 말자. 육체와 정신이 함께 건강해야 한다.

배우자로 생각하는 상대의 집안에 유전병이나 정신병을 앓은 사람이 있다면, 그 상태에 대해서 가능한 많은 것을 알아보자. 정신과 의사나 당신의 주치의 선생님과 그 상황을 상의해 보는 것도 좋다.

정신적·육체적인 학대 성향이 있는가?

당신이나 당신의 배우자감이 정신적으로나 육체적으로 학대하는 집에서 자랐다면, 당신의 가족에게도 폭력을 휘두를 가능성이 많다. 그러므로 배우자에게 이러한 경향이 있는지 최대한의 노력을 기울여서 알아보아야 한다.

일단 그를 제일 잘 아는 사람과 이야기해 보라. 배우자감을 전혀 다른 상황에서 살펴볼 필요도 있다. 아이들이 있는 곳, 어른들이 많은 곳에서 그를 유심히 살펴보아라. 당신의 친구들과 가족들 사이에 그를 남겨 두고 당신이 한동안 자리를 비우는 방법도 있을 것이다. 당신이 있는 곳에서는 한없이 상냥하고 친절한 척하면서 다른 사람들 앞에서는 전혀 다른 행동을 보일지도 모르는 일이다. 당신이 배우자로 고려하는 사람이니 만큼 그럴 리는 없겠지만, 신중을 기해서 나쁠 것도 없다.

겉으로는 괜찮아 보여도 불끈하는 성질이 있는 사람은 자기 성미에 거슬리는 상황이 생겼을 때 폭력적인 성향을 나타낼 수 있다. 또 사귈 때에는 별로 신경 쓰지 않았던 사소한 일들을 결혼 후에 문제로 삼을 수도 있다. 그 잠재적인 폭력의 신호들을 주의 깊게 살펴보아야 한다.

그렇다면 가학적인 사람들을 알려주는 신호들은 어떤 것일까. 다음에 열거하는 것을 보면 알 수 있다.

발끈하는 성질이 있다. 화가 날 때 물건을 치거나 던진다. 상대방에게 겁을 주려 한다. 학교에서 싸움을 벌이고 어린 동생들을 위협한 적이 있다. 당신 때문에 화가 난다는 말을 종종한다. 동물들을 괴롭힌다. 사귈 때 당신의 활동을 제한하려 한다. 당신이 맺고 있는 다른 사람들과의 관계를 제한하려고 한다. 중요한 결정은 모두 자신이 내려야 한다고 생각한다. 당신을 무시하거나 창피스럽게 한다.

장래의 배우자감에게 이런 모습을 자주 보인다면, 그에겐 전문적인 치료가 필요하다. 학대나 폭력은 잘못된 것이며 용납될 수도 없다는 점을 분명히 인식하고 결혼을 하면 변하겠지라는 생각은 아예 하지 마라. 당신이 아무리 좋은 의도를 지니고 있다 해도, 좋아지는 일은 좀처럼 쉽지 않다.

재혼에 대한 질문들

사슬로는 결혼생활을 묶어 놓을수 없다.
두 사람을 하나로 묶어 주는 것은 수년의 세월을 거쳐 꿰매지고,
꿰매지는 수백개의 자그마한 실들이다.
그것이 정열보다 더, 심지어 섹스보다도 더
결혼을 지속적으로 만들어 준다.

_ 시몬느 시노레

일반적으로 나이를 먹은 만큼 많은 인생을 경험하게 되고 상당히 노련해진다. 직업, 여행, 세계관, 기타 다른 인생의 측면에 이러한 것이 다양하게 나타난다. 이제 갓 어른이 된 사람이라면 중년이나 노년에 이른 사람들만큼 많은 경험을 해 보지는 못했을 것이다. 시련이 닥칠 때 관조할 수 있는 능력은 나이와 경험에 비례해서 따라온다고 해도 과언이 아니다.

또한 나이와는 상관없이, 성숙한 사람은 자신의 신념에 자신감을 지니고 더 열린 마음을 갖는 경향이 있다. 다양한 경험을 한 사람들은 세상이 흑과 백으로만 이루어진 것이 아니라 회색의 중간 지점도 존재한다는 것을 안다.

이러한 인생 경험의 종류와 양은 당신이 세상에 반응을 보이는 방식, 그리고 당신이 어울리게 될 사람들의 부류에도 영향을 미친다. 예를 들면, 평화봉사단에서 대부분의 시간을 보내는 사람은 주식 거래인과 같이 이야기를 나눌 만한 공통점이 적을 터이니 같이 어울리게 될 가능성도 적을 것이다.

당신의 배우자감에게 당신의 인생 경험을 얘기하는 것은 중요하다. 이런 대화는 개인이나 성장에 대해 바라는 바를 알 수 있는 계기가 된다. 당신이 숨기고 있었던 두려움이나 비밀에 대해서 찾아내는 계기, 결혼에 대한 생각이 다른지 아니면 비슷한지를 알아볼 수 있는 계기도 된다. 각자 이런 관심사들을 말하고 미래에 대해서 둘 다 인정할 수 있는 지점에 도달할 때까지는 결혼을 연기하는 것이 현명하다.

나이 차이가 너무 많이 나면 문제가 생길까?

　어떤 사람들은 자기보다 나이 어린 짝을 대단히 선호한다. 나이 많은 남자와 어린 여자가 결혼했을 때에는, 경제적인 능력과 지위가 확실한 남자와 결혼하고 싶어하는 여자의 욕구와, 젊고 아름다운 여자를 내보여서 다른 사람들의 부러움을 받고 싶어하는 남자의 욕구가 맞아떨어진 것이라 할 수 있다. 이와는 반대로 연상의 여자와 연하의 남자와의 결합도 흔해지고 있다. 이런 경우에 여자 쪽에서는 젊고 생동감 있는 느낌을 지닐 수 있다는 매력이 있고, 남자에게는 자기보다 나이 많은 여자에 대한 신비로운 매력에 이끌릴 수도 있을 것이다.

　어떤 경우든, 그런 상대방에게 왜 끌리는지를 분명하게 이해하는 게 좋다. 그것이 장기적인 관계로 유지될 것인지 아니면 자신의 자만심을 채우기 위한 방법인지 확실히 할 필요가 있다.

　나이 차이가 많이 나는 커플이면서 깊이 있고 지속적인 사랑을 하는 경우라면, 그 나이 차가 언제 문제를 일으키기 시작할지(아직 일어나지 않았다면)에 대해서 진지하게 생각해 보아야 한다. 예를 들어, 당신이 스무 살이고 남자가 마흔다섯 살일 때 결혼할 경우(혹은 그 반대의 경우) 20년 후에 한 사람은 40이 되고 다른 사람은 65세가 된다! 젊음의 샘물을 찾을 수 있지 않는 한, 그때 가면 나이 차가 중요한 문제로 제기될 수도 있다. 또 하나, 남자는 육십 대가 되어도 생식 능력이 유지되는 반면에, 여자는 60대에 접어들면 대부분 출산 능력이 없어지게 된다. 이 점이 중요한 변수가 될 수도 있다. 또한 당신들의 결합이 잘못되었거나 심지어 부도덕하다고까지 여길 수 있는 사람들의 태도를 받아들일 수 있어야 한다. 나이만 갖고 다른 부부를 판단하는 것은 잘못된 일이겠지만, 그 정도로 마음이 열려 있지 않은 사람들도 분명히 있다. 다른 사람들이 그러한 태도를 보일 때 신경 쓰지 않을 수 있을까? 친구들과 부모가 그 결혼에 반대할 경우에 감당할 수 있을까? 이런 것은 모두 진지하게 생각해 봐야 할 요소들이다. 물론 나이차가 결혼생활의 행복을 결정짓는 요소는 아니지만 말이다.

 나이 차가 얼마나 나든 상관없이, 궁극적으로는 당신과 그 배우자가 결혼을 결정해야 한다. 다른 사람들이 당신 대신 그 결정을 내려 줄 수는 없다.

재혼에 대한 생각은 어떠한가?

　안타깝게도 모든 부부가 결혼해서 죽을 때까지 잘 사는 것은 아니다. 당신이나 당신의 배우자감이 이혼의 아픔을 겪은 경험이 있다면, 이 새로운 관계에 과거의 실망으로 인한 짐을 상당량 짊어지고 있을 가능성이 있다. 하지만 그 슬프고 불행한 기억들을 잊어버리고 과거의 경험이 미래에 먹구름을 드리우지 않도록 조절할 수도 있는 일이다.

　그러려면 첫 번째 결혼에서 실패했던 이유를 서로 이야기해 보는 것이 좋다. 그 이혼의 책임이 어느 정도 당신에게 있다면, 다시는 똑같은 실수를 하지 않도록 필요한 조치나 변화를 준비해야 한다. 당신의 새로운 짝이 여전히 이전 배우자와 왕래를 하고 있다면 그 결혼이 파경에 이른 이유에 대해서 그 사람과 마음을 터놓고 이야기해 볼 수도 있을 것이다.

　통계적으로 보면, 이혼한 남녀의 반 이상이 이혼 후 2년 안에 재혼을 한다고 한다. 그런데 재혼할 때에는 처음 결혼할 때

보다 생각해야 할 사항들이 더 생기기 마련이다. 함께 살아야 할 자녀가 있을 경우도 있다.

자녀에게 재혼하고 싶은 의사를 표현했는가? 그들이 새엄마나 새아빠가 생기는 것에 어떤 반응을 보이는가? 불안감이나 걱정을 표시하는가? 자녀에게 당신이 그들을 사랑한다는 것, 함께 살고 싶다는 뜻을 충분하게 전달했는가? 당신의 새로운 짝이 당신의 자녀와 전혀 어울리지 못하거나 자주 부딪힌다면, 그 문제가 쉽게 사라지리라고 낙관하기는 어렵다. 그러므로 아이들을 위해서 미리 의심나는 부분들을 정리해야 한다. 그런 노력이 없을 경우에는 당신이 꿈꾸는 행복한 가정이 요원할 수도 있다는 점을 명심하자.

열린 마음으로 재혼을 하자. 완전히 새롭고 전혀 다른 사람과 관계를 맺는 것이니, 예전의 관계에 구속될 필요는 없다. 하지만 당신에게 적당한 시기를 잘 고르고 적응 기간을 갖도록 하자.

두려움을 숨겨두었는가?

어떤 사람에게든 가장 친한 친구나 가족들에게도 알리지 못하는 두려움들이 있을 수 있다. 남들이 그것을 알게 될 경우 어떤 반응을 보일지 몰라서 마음속 깊은 곳에 꼭꼭 숨겨 두는 것이다. 그런 두려움이 밝혀지면 그것으로 인해 드러나는 자신의 일면을 남들이 우습거나 한심하게 여길 거라고 실제로 믿고 있는 경우도 많다.

대부분의 사람들은 불안을 일으킬 수 있는 상황이나 두려움 자체를 회피하려는 경향이 있다. 하지만 당신에게 소중한 사람이 있다면, 그가 불안과 두려움을 느끼는 일들을 세 가지 정도 알아내려고 노력해 보라. 큰 사단이 벌어지는 일도 아니다. 예를 들어, 당신이 결혼하고자 하는 사람이 결혼하길 겁내고 있다. 그것을 당신에게 말하는 것조차 두려워한다. 그렇다면 그 두려움을 표현하도록 유도해서 한 문장으로 요약을 해보자. '내가 결혼에 대한 두려움을 말하지 못하는 이유는 _____

때문이다' 자신의 두려움을 구체적으로 규명할 수 있어야, 그 것에 맞서서 극복할 수도 있는 법이다. 당신의 새로운 짝이 그 두려움을 똑바로 쳐다볼 수 있게 되기를 바란다.

두려움은 다양한 방식으로 나타날 수 있다. 많은 사람들이 변화에 대한 두려움과 익숙하다는 이유만으로 장래성이 없는 직업에 머물러 있기도 한다. 실패할까 봐 두려워서 눈앞에 찾아온 기회를 받아들이지 못하고 망설인다. 어렸을 때부터 항상 어두운 것을 무서워했다는 비밀이 있을 수도 있다. 신혼 첫날밤을 보내려 하는데 당신이 불을 끄면 안 된다고 극구 고집을 부릴 때 사랑하는 사람의 얼굴에 어떤 표정이 나타날까? 당신의 두려움을 밝은 곳으로 내보내서 그 그림자들을 사라지게 하자.

 서로가 가장 두려워하는 것을 솔직하게 털어놓고 상의해 보자.

새로운 집에서 살까,
다른 사람과 살았던 집에서 계속 살까?

당신이 결혼하려는 사람이 현재 과거 결혼생활을 했던 집에서 계속 살고 있다면 당신은 본인과 결혼할 사람을 위해 새 집을 찾아 이사하고 싶을 것이다. 당신이 배우자의 전 부인(혹은 전 남편)이 살았던 집에 들어가 지난 결혼의 망령들을 감당해야 할 이유가 무엇인가? 그 사람도 전 부인(혹은 전 남편)과의 기억들을 모두 지우고 당신과 새로운 인생을 시작하고 싶어하지 않을까? 하지만 그 집을 유지해야 할 정당한 이유가 있을 수도 있다. 위치 문제나 기타 다른 경제적·현실적인 이유들이 있을 수 있다. 그렇다면 그 집을 완전히 새롭게 단장하는 것도 한 가지 방법일 것이다.

나도 아내와 사별한 뒤 매들린과 사귀게 되었을 때 이러한 상황에 처한 적이 있었다. 내 아내의 오랜 친구였던 매들린은 나와 나의 전 부인이 수십 년간 살았던 그 집에서 살아야 할지에 대해서 많이 망설였다. 그 집에는 나의 인생이 담겨 있었고,

주택 융자금도 다 갚은 상태였기 때문에 나는 그 집에서 계속 살고 싶은 마음이었다. 그래서 매들린과 새로운 인생을 설계하기로 했을 때 우리는 그 집을 그녀의 마음껏 새로이 단장하는 쪽으로 타협을 보았다.

서로의 마음과 걱정을 다 털어놓고 나자, 매들린도 이미 행복한 결혼생활을 영위해 본 경험이 있었던 터라 그 집에서 사는 것을 편안히 여기게 되었다. 게다가 우리는 집단장의 마지막 조치로, 화가 친구를 불러서 우리가 즐겨 사용하는 운동실 벽과 천장에 가족 그림을 그려 달라고 했다. 우리의 죽은 배우자와 자녀들 전체가 그려진 그림이었다. 그것이 다른 어떤 방식보다 더 훌륭하게 우리를 하나의 가족으로 묶어 주었다.

당신의 생활 환경을 두루두루 살펴보자, 새로운 남편이나 아내와 같이 아름다운 가정을 만들어 보고자 한다면, 기꺼이 타협하려는 마음 자세로 창조적인 방법들을 구상해 내야 한다.

어느 한쪽에 전 배우자의 자녀가 있다면?

전 배우자의 자녀를 새로운 결혼생활로 데려갈 때에는 아무래도 두 사람만의 결혼보다는 스트레스가 더 심할 수밖에 없다. 새로운 짝에게 함께 살아야 할 자녀가 있다면 그 아이들과 일찌감치 신뢰와 애정을 만들어 나가는 것이 중요하다. 새엄마혹은 새아빠가 친부모의 역할을 대신해 줄 수 없다는 사실도알아야 한다. 그 아이들은 당신을 전혀 다른 관점으로 보게 될것이다.

당신이 전에 아이를 키워 본 경험이 없다면 더욱 힘겨운 적응 과정을 거쳐야 할 것이다. 아이들은 어느 순간 갑자기 나타났다가 사라지는 존재가 아니다. 충족시켜 주어야 할 욕구도많고 끊임없이 당신의 시간을 요구할 것이다. 당신은 그들의교육비와 다른 경비 등 책임져야 할 일들이 수두룩하다.

아이들이 결혼 전에는 그 관계에 찬성했다 해도, 속으로 복잡한 감정들을 숨기고 있을 수도 있다. 새엄마나 혹은 새아빠에게 거절당한 느낌에 빠져 있거나 기존의 친척들과 연락을 끊어야 할까봐 걱정하고 있을지도 모른다.

이런 아이들의 마음과 달리 당신은 아이들이 자신의 걱정거리와 필요한 일들을 당신에게 스스럼없이 표현해도 된다고 느낄까? 그들이 당신에게 바라고 기대하는 바는 무엇일까? 따라서 자녀들을 훈육할 때 어떤 역할을 맡을 것인지도 생각해 봐야 한다. 이런 것들이 당신의 새로운 짝과 그 아이들과 같이 고려해 보아야 할 질문들이다.

당신의 배우자가 자녀들에게 어떤 약속을 했는지 이야기해 보자. 당신이 침착한 태도로 대화를 이어간다면 아이들도 새로운 상황에서 더욱 안정감을 느낄 수 있을 것이다. 서로에 대한 사랑으로 아이들까지 감싸 안도록 하자.

함께 나누고 싶은 비밀이 있는가?

결혼 이야기를 할 때가 되었을 쯤, 당신은 이미 나름대로의 과거를 갖고 있을 것이다. 좋은 기억이나 행복한 일들도 물론 있겠지만, 수치스럽다고 느낄 만한 것이나 약혼자와 얘기하고 싶지 않은 부분들이 있을 수도 있다. 스스로 자신의 비밀이 너무 심각해서 남들의 이해를 얻을 수 없을 것이라고 지레짐작하여, 그 일부분을 비밀로 삼으려 할 수도 있다. 과거의 전과 기록이나 임신중절, 이혼 재판에 대한 경험 같은 것이 그 예가 될 것이다.

사랑하는 사람에게 비밀을 갖고 있을 때, 두 사람 사이에는 장벽이 생기게 되고 관계 자체에도 영향을 미친다. 그 비밀에 관련된 주제가 언급될 때마다 당신이 의식하지 못하는 사이에 방어적인 자세를 취하고 있을 지도 모른다. 어두운 비밀을 마음 속 깊은 곳에 가둬 놓았다는 사실에 자신에게 화가 날 수도 있다. 이러한 극단적인 예는 당신의 약혼자가 결혼한 적이 있었거나 아이가 있다는 사실을 말하지 않았을 때가 될 수 있다. 그래서 어느 날 불쑥 어린 여자아이나 남자아이가 당신의 집 앞에 나타나, "안녕하세요, 아빠!"라고 말한다면 어쩌겠는가. 이런 종류의 비밀들은 결혼생활에 심각한 영향을 끼치게 된다.

결혼 상대를 당신이 진심으로 믿고 있다면, 당신의 과거를 고백하는 것이 낫다. 그것뿐 아니라 기타 결혼생활에 영향을 미칠 것 같은 다른 문제들도 함께 이야기해 보아야 한다. 결혼의 특권중 하나는 나의 모든 생각과 소망과 꿈을 내가 신뢰하는 사람과 함께 할 수 있다는 점이다. 그리고 이러한 과정이 두 사람 모두에게 더 강력한 유대감을 형성해 주는 계기가 된다는 것이다.

비밀을 털어놓을 때는 신중해야 한다. 결과를 생각지도 않고 비밀을 말해 버리면 간혹 득보다 실이 더 많을 수도 있다. 그 비밀이 결혼생활과 관련이 있는 부분인지 우선 생각해 보자. 무엇보다 당신의 짝이 당신의 걱정거리와 두려움들을 함께 나누고 싶어 하리라는 점은 믿자. 당신의 짐이 한결 가벼워질 것이다.

대화 방법에
대한 질문들

두 사람이 말하는 독백은 대화가 아니다.

_제프 달리

　　　　　　　　대화는 우리의 인생에 있어서
매우 중요한 부분이다. 건강한 관계를 유지하기 위해서 다른
것보다 더욱 필요한 필수 요소이다. 나의 대화 기술은 몇 점이
나 될까? 한번 생각해 보라. 그런 기술 부족이 파경으로 이르
는 이유들 중 최상위를 차지한다.

　대화의 문을 연다는 것이 항상 쉬운 일은 아니다. 원래 성격
상 쉽게 대화를 못하는 사람들도 있다. 과묵한 사람(남이 말을 걸
었을 때에만 말하는 사람), 경계심이 강한 사람(하늘이 파랗다는 말을
해도 시비를 걸곤 하는 사람), 속 깊은 대화를 두려워하는 사람, 일
이나 텔레비전에서 빠져나오지 못하는 사람(이런 타입은 대화를
절대적으로 피하는 타입보다 나을 수 있다)이 그렇다.

　게다가, 배우자가 하는 말을 진심으로 귀 기울여 듣지 않는
다거나, 이야기할 때 중간에서 말을 가로채거나 훌쩍 자리를
떠나 버린다면 서로에 대한 감정의 앙금이 가라앉게 된다. 이

런 상황이 발생해 문제로 비화된다면 차근차근 대화로 풀어 가는 것이 순리다. 그런데 대화가 잘되지 않을 경우에 이해하려고 노력해 보지도 않고 일단 문제부터 해결하자는 식으로 행동하기도 한다.

좀 더 느긋하게 귀 기울여 듣고 이해해 보려고 노력해 보자. 그럼 문제 해결에 훨씬 도움이 될 뿐 아니라 당신의 배우자에게 '내가 사랑 받고 있구나', 혹은 '내가 이 사람에게 중요한 존재구나'라는 느낌을 전달할 수 있을 것이다.

결혼생활에서 일어나는 문제들이 꼭 해결되어야만 하는 것은 아니다. 두 사람의 힘으로 해결할 수 없는 문제도 있다. 하지만 서로가 서로에게 사랑받는 존재라는 것을 알 수 있는 계기가 될 수는 있다. 그냥 들어 주는 것만으로도 해결될 수 있는 문제가 아주 많다는 것을 알고 있자.

경청하는 사람이 되어야 한다. 또한 자신의 생각과 감정을 파악해서 분명하게 표현하는 방법을 배워야 한다. 마음속의 말들을 억지로 눌러 참거나 핑계를 늘어놓는 태도는 그 대화의 질을 격하시킬 수 있으며 어긋난 분노를 유발할 수 있다.

대화하는 방법을 배우는 것은 언제라도 늦지 않다. 지금 시작해도 결코 늦은 것이 아니다. 서로의 차이점을 깨닫고 이해하려면 당연히 어느 정도의 시간이 걸린다. 하지만 마음을 열어서 열심히 듣고자 한다면, 올바른 대화를 할 수 있도록 중요한 첫걸음을 떼어놓은 것이나 다를 바 없다.

지난 10년간 남녀의 차이에 대해서, 남녀 간의 대화가 왜 이렇게 어려운지에 대해서 설명하는 책들이 지속적으로 출간되었다. 그중 『화성에서 온 남자, 금성에서 온 여자』에서 존 그레이는 이렇게 말하였다.

"남자와 여자는 모든 면에서 다르다. 여자와 남자는 말하는 방식도 다르고, 생각, 느낌, 인지, 반응, 대답, 사랑, 욕구, 감사의 방식까지 모조리 다르다. 그야말로 다른 행성에서 태어나 다른 언어를 사용하고 다른 음식을 먹어야 하는 그런 존재들 같다. 그 차이를 이해하면 이성을 대할 때나 이해하려고 노력할 때 생기는 좌절감을 상당 부분 해소시킬 수 있다. 오해의 여지도 빠른 시간 내에 없애거나 피할 수 있으며, 잘못된 기대감을 수정하는 과정도 쉬워진다. 당신의 파트너가 다른 행성에서 온 외계인만큼이나 다르다는 점을 받아들인다면, 편안하게 긴장을 늦추고 상대를 변화시키려 하거나 반대하려는 대신 그 차이점을 인정하고 조화를 이뤄 나갈 수 있을 것이다."

나의 속 깊은 생각까지 표현할 수 있을까?

당신과 당신의 배우자 모두, 표현하는 방법을 배웠을 것이다. 그러나 서로의 가정에서 대화하는 방법들이 달랐기 때문에 서로의 표현 방식 또한 다를 수가 있다. 속 깊은 생각을 말한다는 것은 자신의 감정과 경험들을 사랑하는 이와 함께 나눈다는 의미다. 서로의 취향이 비슷한 것도 중요하지만, 상대방에게 자신의 생각과 감정을 드러낼 수 있는 것도 매우 중요하다. 또한 상대방의 속 깊은 생각을 잘 알아주는 것도 중요하다.

당신에게 가장 중요한 일을 배우자감에 말할 수 없다면 그 상대는 당신에게 딱 맞는 사람이 아닐지 모른다. 함께 미래를 살아가려는 생각 자체를 다시 고려해 봐야 할 것이다.

사랑을 전할 수 있는가?

모든 사람들이 결혼 상대에게 사랑한다는 말을 듣고 싶어한다. 그런데 안타깝게도, 진심으로 사랑하는 사람들조차 사랑이라는 그 단어를 사용하는 데는 능숙하지가 않다. 그렇다면 사랑을 표현하는 방법을 어떻게 배울 수 있을까? 그리고 사랑을 표현하는 방법에는 어떤 것들이 있을까?

"사랑해" 이 얼마나 따뜻하고 애정 어린 한마디인가. 당신의 감정을 상대에게 알리는 아주 좋은 방법이기도 하다. 하지만 당신의 사랑을 전하는 방법에는 이 한 가지만 있는 것이 아니다.

특별한 칭찬 한마디, 앞에서 다정하게 바라보는 시선, 목덜미에 살짝 해 주는 키스, 식사를 준비하다가 부엌에서 살짝 끌어안는 몸짓, 이 모두가 "사랑해"를 표현하는 방법들이다.

이 외에도 사랑과 애정을 표현하는 방법은 수백 가지가 있다. 칭찬을 하거나 상대방이 겪고 있는 어려움을 상담해 주는 것처럼 말로 표현될 수도 있고, 포옹이나 손을 잡는 식으로 육체적인 표현이 될 수도 있다.

상대방이 사랑을 말하거나 보여 주지 않아서 더 이상 사랑하지 않는 게 아닐까 하는 의심이 들 때라도, 사랑이 이런 시기를 견딜 수 있게 해주리라는 믿음을 갖자. 당신의 사랑을 표현하라. 상대방도 똑같은 반응을 보여준다면 더할 나위 없을 것이다.

당신을 진심으로 사랑하면서도 그런 표현을 하는 것을 힘들어한다면 당신이 바라는 점을 배우자에게 알려 주자. 예를 들어 꽃다발을 받았거나 낭만적인 저녁 식사를 했다면 고마움을 표현하자. 때로는 그 정도만으로도 두 사람의 사랑을 정상 궤도로 올려놓을 수 있다.

일상적인 이야기를 편안하게 할 수 있는가?

다른 때보다 유난히 당신의 배우자와 말하기 편안한 순간이 있을 것이다. 그 이유를 생각해 본 적이 있는가? 주위 환경에 영향을 받았던 걸까? 둘 다 시간적으로 여유가 있을 때였던가? 당신의 일상생활에서 벗어나 여유를 찾았을 때인가? 아니면 힘든 일이 있었을 때였던가?

두 사람이 언제 어떤 상황에서 편안하게 대화했었는지를 생각해 보라. 공원에 산책을 나갔을 때 편안한 대화의 분위기가 조성되었다면 좀 더 자주 산책하는 시간을 만들라. 힘든 시련이 닥칠 때에도 두 사람의 솔직한 대화가 꼭 필요한 시기이다.

편안한 대화를 이끌어 가려면 어떻게 해야 할까? 배우자와 눈을 맞추면서 서로가 말하는 내용을 진지하게 들어 주는 것이 좋다. 궁금한 점은 물어 보고 다른 대안이 생각나면 이야기하면서 나름대로의 설명을 덧붙여 가며 그 대화를 순조롭게 이끌어 가라. 방어적인 자세를 취하거나 상대방을 억누르려는 태도는 도움이 되지 않는다. 싸우는 분위기가 아니라 화합하는 분위기를 만들어야 한다. 당신이 말할 때 선택하는 단어와 어조, 당신의 몸동작까지 모두 포함해서 상대방에게 종합적인 메시지로 전달된다는 점을 명심해야 할 것이다.

당신의 인생에 있어서 가장 중요한 사람과 대화하는 시간은 매우 소중하다. 꿈과 희망과 두려움까지 함께 나눠보자. 대화하는 동안 당신이 배우자의 이야기를 진지하게 듣고 있다는 것을 보여 주자. 그것이 두 사람 간의 오해와 혼란의 여지를 줄일 수 있게 한다.

"내가 옳고 당신은 틀렸어." 이렇게 생각하는 편인가?

당신은 자신이 옳다는 것을 끝까지 주장하는 편인가, 아니면 대충 중간에 합의를 보는 편인가? 살다 보면 당신이 100% 옳고 상대방이 100% 틀렸다고 확신할 때가 종종 있을 것이다. 그럴 때에는 짜증과 화가 나고 속이 상하다. 당신이 아무리 설명해도 배우자는 자신의 잘못을 인정하지 않고 극구 자신이 옳다고만 주장하고, 급기야는 두 사람의 대화가 격한 언쟁으로까지 변해 간다. 그래도 배우자가 여전히 승복하지 않는다면, 결과는 어떻게 될까? 서로가 대화 자체를 하지 않으려 할 것이다. 즉, 대화가 사라지고 만다는 것이다!

다시 생각해 보라. 당신은 자신이 옳다고 주장하는 편인가. 아니면 기꺼이 타협을 하는 편인가?

"내가 옳고 당신은 틀렸어" 이런 식의 완고한 태도를 보이면 그것이 커다란 문제로 부풀릴 수 있다. 서로의 관점이 도저히 이해가 되지 않는다면, 어느 정도 수준에서 견해의 차이를 인정하고 더 이상 싸우지 않는 편이 현명하다. 끝까지 배우자의 견해를 가치 있게 여기지 않는 것은 "난 당신에게 배울 게 아무것도 없어. 어떤 경우이든 내가 항상 옳아"라고 말하는 것이나 다름없다.

어떤 상황을 사람마다 다르게 바라보는 것은 충분히 자연스러운 일이다. 상대방의 의견이 자신의 생각과 다르다고 해서 항상 그것을 위협으로 간주할 필요는 없다. 자기의 주장만을 내세울 경우에 피해를 보는 쪽은 바로 당신이며, 그 결과로 인해 고통받게 될 사람도 다름 아닌 당신이 될 것이다.

하나의 상황을 각기 다르게 해석하거나 다르게 바라본다고 해서, 그것이 한 사람은 맞고 한 사람은 틀렸다는 뜻은 아니다. 단지 의견이 다르다는 뜻일 뿐이다.

결혼이 불안한 당신에게

상대방이 진심으로 말하고 싶어 할 때, 진지하게 들어 주는 편인가?

매일매일 어울려 살아야 하는 사람 곁에서 편안하게 긴장을 늦출 수 있다면 참으로 다행스러운 일이다. 하지만 상대방의 특별한 관심을 필요로 하는 시기도 있기 마련이다. 물론 나에게 중요한 일이 다른 사람에게는 사소하게 보일 수 있는 것이 세상 돌아가는 방식이다. 하지만 소중한 사람에게 진심 어린 배려가 필요할 때 그 필요를 충족시켜 주지 못한다면, 그것이 두 사람의 관계에까지 피해를 미치게 된다. 상대의 말에 귀를 기울여야 할 때가 있다는 점을 알아야 한다.

그럼 제대로 귀 기울이는 자세란 어떤 것일까? 주위 다른 상황에 눈 돌리지 않고, 전화기나 텔레비전이나 다른 것들에 정신을 분산시키지 않고 전적으로 관심을 기울여 주는 자세다. 당신의 시각에서 상황을 평가하거나 판단하려고 하지 말고 있는 그대로 들어 주려고 노력해라. 상대에게 꼭 해 주어야 할 말을 해 주는 것보다는, 그들이 바라는 것을 내어 주는 것이 잘 들어주는 사람의 태도이다.

돈 문제, 자녀 문제, 친구 문제 등, 결혼한 두 사람이 함께 상의해야 할 일들은 대단히 많다. 때로는 서로를 제외하고 달리 의지할 데가 없을 때도 있다. 함께 하는 시간이 길어질수록, 배우자와 조화를 맞춰 나가기가 더욱 쉬워지고, 서로가 말하고 싶어하는 때를 금방 알 수 있게 될 것이다.

당신이 그렇듯이, 당신의 짝 또한 자신이 신뢰하는 사람에게 관심과 사랑을 받고 싶어한다. 그리고 기본적으로 신뢰가 밑받침되어야 속상한 일과 바라는 점을 편하게 말할 수 있다. 결혼 생활에서 신뢰가 부족하다면 두 사람 모두 중요한 한 가지를 놓치고 있는 것이라고 할 수밖에 없다. 누군가를 진심으로 사랑한다는 것은, 상대방이 모든 면에서 행복할 수 있도록 우선적으로 배려해 주는 것이다.

배우자는 당신의 가장 친한 친구다. 마음을 열고 편안하게 이야기하자. 또 배우자의 이야기도 잘 들어 주는 사람이 되자. 가장 필요할 때 귀를 빌려주는 것으로 서로에 대해서 많은 것을 배울 수 있다.

취향과 성격에 대한
질문들

성격이란 우리의 사소한 방식들을 모아 놓은 집합체에
우리가 부여하는 이름이다.

_무명씨

당신은 어떤 성격의 사람이 당신의 배우자감으로 적당하다고 생각하는가? 어떤 성향을 선호하는가? 사교적으로 적극적이길 바라는가, 아니면 느긋하고 태평스러운 사람이길 바라는가? 명랑한 사람이 좋은가, 아니면 진지한 사람이 좋은가? 세련된 사람을 바라는가, 아니면 순박한 사람을 바라는가?

물론 당신이 원하는 상대를 딱 점지해 줄 만큼 세상은 그리 호락호락하지 않다. 하지만 당신과 잘 맞는 성격의 소유자를 인생의 파트너로 선택하기 위해 스스로 노력할 수는 있다. 성격이나 개인적인 습성이 맞지 않으면 시간이 갈수록 그 점이 눈에 거슬리게 된다. 오랫동안 함께 살아가야 할 사람이 매일 당신을 짜증스럽게 하거나 속 터지게 한다면 일상생활이 순탄할 리 있겠는가. 물론 완벽한 사람은 세상에 없다. 하지만 당신이 감탄하고 즐거워할 수 있는 사람, 좋아할 수 있는 성격의 소유자를 선택하는 것이 현명하다.

　대부분의 사람이 결혼을 낙관적으로 생각한다. 나중에 골칫거리가 될 수도 있는 성격에 대해서는 깊이 있게 생각하지를 않는다. 하지만 이 점은 꼭 고려해 봐야 할 사항이다. 사소하면서도 서로를 극히 짜증스럽게 할 수도 있는 일들이 생겼을 때 두 사람의 성격에 걸림돌이 없어야 좀 더 조화로운 결혼생활이 이루어질 수 있을 것이다.

과묵한 타입인가, 말이 많은 타입인가?

　　결혼해서 살아보기 전까지 상대방에 대해서 알아내기 힘든 부분들이 있다. 하지만 서로를 알아가는 과정에서 그 사람이 드러내는 성격을 참고로 나에게 맞는 타입인지를 판단할 수는 있다. 그중 하나는 어느 정도의 말을 하느냐이다. 예를 들어, 어느 한 쪽이 항상 애기하는 편이고 다른 사람은 대개의 경우 항상 조용하다면, 그 점이 오랜 기간의 관계에 어떤 영향을 미칠 것인지 생각해 볼 필요가 있다는 뜻이다.

　　대화하는 방법이 많이 다르면 간혹 문제가 생기곤 한다. 또렷하고 분명하게 말하는 사람들은 흔히 대화하길 좋아한다. 과묵한 타입은 되도록 듣는 입장을 선호하거나 침묵을 즐긴다. 이렇게 반대되는 성향의 사람들도 관계가 잘 유지될 수는 있다. 두 사람 다 인내심을 갖고 융통성을 지니고 말을 하거나 혹은 말하지 않고자 하는 상대방의 욕구를 존중해 줄 수 있다면 말이다.

어떤 경우이든, 대화가 어떤 식으로 진행이 되던, 대화라는 것은 성공적인 결혼에 없어서는 안 될 필수 요소이다. 무엇보다도 함께 문제를 상의하고자 하는 자세가 중요하다. 서로 대화를 통해서 결정을 내려야 두 사람이 원하는 결과를 이끌어 낼 수 있는 법이다. 말 한마디 없이 어떻게 결혼생활이 제대로 유지되기를 바랄 수 있겠는가.

이 세상에 완벽하게 똑같은 사람은 단 한 명도 없다. 대화 스타일의 차이 때문에 배우자감과 부딪히게 될 일이 생길 것이다. 미리 그 차이를 깨닫고 그 차이를 즐기려는 자세를 갖는 것이 서로를 위해 유익하다.

유머 감각이 나에게 얼마나 중요한 요소인가?

배우자감의 유머 감각에 대해서 생각해 보라. 내 개인적으로는 당신의 배우자가 최소한 10점 만점에서 8점 정도 점수가 나오기를 바란다. 유머 감각은 대인관계에서 매우 중요한 역할을 하는 만큼, 결혼생활에서 힘든 시기가 닥쳤을 때 어느 정도 헤쳐 나갈 수 있는 힘이 되어 주기도 한다. 물론 유머감각을 발휘하는 것이 적당치 않을 때도 있다. 여기서 중요한 것은 그 절묘한 중간 지점을 찾는 것이다.

당신은 진지한 타입에 끌리는 편인가. 아니면 "걱정 마. 다 잘 될 거야" 타입에 끌리는 편인가? 서로 다른 성격의 소유자들이 하나로 융합하기란 쉽지가 않다. 인간을 굳이 두 부류로 구분한다면 재치와 유머를 지닌 사람과 그렇지 않은 사람이라고 할 수도 있다. 당신이 이런 재능을 갖고 있지 않거나 감탄하지 않는 편이라면 배우자가 제아무리 유머 감각을 발휘해도 재미없다고 느낄 수 있다. 혹은 배우자가 이해하지 못하거나 감탄하지 않는 유머 감각을 당신이 지니고 있을지도 모른다.

웃을 수 있는 것도 하나의 능력이다. 두 사람과의 관계에 긴장감이 생겼을 때 어떠한 일로 서로가 웃을 수가 있다면 그 자체만으로도 해결의 실마리가 되어 줄 수 있다. 세상에는 여러 가지 타입의 성격들이 있지만, 되도록이면 몇십 년 동안 당신을 미소 짓게 해 줄 수 있는 사람, 슬플 때에도 웃음을 줄 수 있는 사람과 만나게 되길 바란다.

 두 사람의 관계에 즐길 수 있는 여지를 개발해보자.

쉽게 화를 푸는 편인가?

혹시 당신의 배우자감이 화를 오래 간직하는 타입인가? 어렸을 때 항상 자기 뜻대로만 밀고 나갔던 사람인가? 만약 그렇다면, 당신은 그 사람과 평생을 함께 살아갈 준비가 되어 있는가? 문제를 해결하는 방법이나 화를 다스리는 방법들은 일상적인 생활을 접할 때까지 분명하게 드러나지 않을 수 있다.

결혼이란 주고받는 관계가 되어야 한다. 두 사람 다 이 점에 동의하면 결혼생활이 훨씬 편해진다. 그러므로 배우자감이 사소한 차이를 용서할 능력이 되는지, 커다란 차이 또한 용서할 자질을 갖추고 있는지 살펴보아야 한다. 둘 다 용서할 줄 아는 사람이라면 서로에게 자유로움과 신뢰감이 형성된다. 용서할 수 있는 능력은 두 사람에게 자유와 신뢰감을 형성해 준다. 당신과 사귀고 있는 그 사람이 화가 났을 때 어떤 식으로 상황이 해결되었는지를 생각해 보라. 두 사람 다 만족할 만한 방법으로 해결되었는가?

용서하지 못하는 성격은 서서히 곪아가는 상처와 같다. 그 상태를 명확히 진단해서 치료약을 바르기 전에는 결코 나아지지 않는다.

원망과 화를 오래 간직하지 마라. 서로의 차이점을 해결하는 방법을 찾아낸 후에 편안한 관계로 돌아가자. 사사건건 변명하면서 많은 시간을 보내기에는 인생이 너무 짧다. 화해해야 할 때, 기꺼이 타협에 이르러야 할 때를 알아야 한다.

질투심이 많은 편인가?

  질투만큼 사람 관계에 있어 신뢰감을 해치는 것도 아마 없을 것이다. 질투심 많은 성격의 배우자는 조심해야 한다. 그 강한 소유욕 때문에 언젠가는 당신이 고통받게 될 수도 있기 때문이다. 이런 타입의 사람은 시도 때도 없이 선물을 안기거나 당신의 시간을 모두 차지하고 싶어 하고, 또 언제나 당신과 함께 있고 싶어 하는 식으로 관심을 표한다. 처음에는 물론 멋지고 낭만적인 사람이라는 생각이 들기도 할 것이다. 하지만 나중에는 숨이 막힐 듯한 기분으로 변해 갈 것이다. 그런 성향을 경고해 주는 신호들을 주의 깊게 살펴보아야 한다. 질투심이 강한 사람에게는 깊은 불안감이 도사리고 있다.

  당신의 배우자는 당신이 다른 사람들과 즐기는 시간을 받아들이는가, 아니면 자기 외의 다른 사람들과 함께 있는 시간을 못 견뎌 하는가? 특히 이성 친구와의 만남에 어떻게 반응하는가? 그 사람이 지금 이성 친구와의 우정을 용납한다 해도, 결혼한 후에 그 태도가 바뀌지는 않을까?

어떤 여성은 약혼자로부터 결혼 전에 다른 남자와의 관계를 완전히 끊어 버리라는 말을 들었다고 한다. 나중에 혹시라도 연애 감정이 생길 수도 있다는 이유였다. 그녀는 매우 사교적인 성격이어서 남자 친구가 많은 편이었기 때문에 그 말을 무척이나 부담스러워했다. 그리고 결국 그들은 이 차이점을 극복하지 못하고 약혼을 취소하고 말았다. 흔히 "사랑은 눈먼 장님이다"라는 말을 한다. 하지만 그 눈먼 사랑에 휘말려 실패로 이어질 게 뻔한 결혼으로 빠져들어서는 안 된다.

당신의 배우자감이 질투심 강한 편이라면, 그 사람 속에 깊은 불안감이 잠재해 있다는 신호로 받아들여야 한다. '사랑'에 눈이 멀어 무작정 결혼을 결정하지 말고 배우자가 될 사람에게 이야기해 보자. 그 문제가 결코 해결될 수 없는 문제인지, 해결이 가능한 문제인지를 먼저 판단해야 한다.

기꺼이 타협할 수 있을까?

　성공적인 결혼생활에 주고받는 것이 매우 중요하다는 걸 이미 여러 번 말했지만, 이 주고받음 속에서 중간 지점을 찾는다는 것이 때로는 까다로운 문제가 된다. 배우자와 중간 지점에서 타협하는 방법을 배우면 다른 그 어떤 상황에서도 부드럽게 문제를 풀어 갈 수가 있다.

　일상생활을 같이하다 보면 부부 모임에 어떤 옷을 입어야 할지의 문제부터 아이를 어느 학교에 입학 시켜야 할지의 문제까지, 수시로 의견 차이가 날 것이다. 그럴 때 의견이 서로 다를지라도 어느 정도 일리가 있기 마련이지만, 이렇게 다른 의견에 어떻게 대처하느냐의 대처 방법이 중요해진다.

　두 사람 다 중요하게 여기는 문제에 의견 차이가 날 때, 서로가 생각하는 문제점과 대안에 대해서 들어보는 것이 좋다. 이렇게 하면 서로 대적하여 싸운다기보다 협력한다는 분위기가 조성되기 때문에 서먹해 할 필요가 없어진다. 당신이 배우자의 말에 귀를 기울이면 상대방도 당신의 생각과 감정을 더 열린 마음으로 들어 주려 할 것이다. 둘 다 이기지도 못할 싸움에 빠져 허우적거릴 필요가 없어지는 것이다.

"당신은 틀렸어. 내가 옳아." 이런 분위기로 접어들 때마다, 잠시 배우자의 입장으로 들어 보자. 그 의견에 대해서 의문 나는 것도 묻고 서로 의견을 말할 때 방해하지 말고 끝까지 들어 보자. 그렇게 하면 전에는 생각하지 못했던 해결책이 기적처럼 튀어나올 때가 있다.

화가 날 때에는 어떻게 하나?

분노는 '분해서 성질을 내게 되는 감정'이다. 분노만을 주제로 다룬 책들도 속속 쏟아져 나오고 있다. 가정 폭력이 난무하고 많은 사람들이 생산적으로 분노를 표현하지 못하는 현실을 고려한다면 그리 놀라운 일도 아닐 것이다. 가정 폭력 또한 분노를 잘못된 방식으로 풀려고 하기 때문에 생겨난다.

분노 자체는 인간이 어쩔 수 없이 지니게 되는 여러 감정들 중의 하나일 뿐이다. 감정이 극도로 치달았을 때, 다른 사람은 자기 식으로 바꾸려 한다든지, 서로를 비난하거나 속으로 꾹꾹 눌러 두면서 말없이 처벌을 가하는 등의 파괴적인 행동을 보이는 경우가 있다. 하지만 분노를 능숙하게 다루는 사람들도 있다. 그러려면 우선 이 중요한 문제를 두고 배우자와 이야기하는 시간을 가져야 한다.

화가 났을 때 나중에 후회하게 될 말을 하는 경우도 종종 있다. 어떤 이유로든 상대방에게 화가 난다면 일단 자신에게 자문해 보는 시간을 가져 보자. "내가 진짜로 화가 난 부분이 무엇일까?" "상처를 입었기 때문일까?" "이 분노를 어떻게 다루는 것이 좋을까?" "나의 분노를 어떤 식으로 풀어야 할까?" "산책을 해 볼까, 샌드백을 두들겨 볼까, 종이에 이 감정들을 적어 볼까?"

분노를 폭발시키기 전에 자신의 감정을 우선 추슬러 볼 필요가 있다. 그렇게 하면 위험한 상황을 피할 수 있을 뿐 아니라 화난 이유를 판단해 볼 수도 있고 앞으로 그런 감정을 다루는 방법도 깨달을 수 있다.

화나는 일이 있을 때에는 "'노여움(anger)'이 '위험(danger)'에서 한 글자 빠진 단어"라는 격언을 기억해 보자. 그만큼 노여움이 위험과 가깝다는 뜻이다. 분노를 표출하지 않는 것 또한 위험한 일일 수 있지만 그 분노를 얼마나 잘 다스리는가가 부부 관계뿐 아니라 인생의 다른 면에서도 성패를 가름할 수 있다.

결혼이 불안한 당신에게

동정심을 지닌 사람인가?

동정심을 지닌 사람이란 어떤 사람일까? 사전적인 의미로 보면 '다른 사람의 감정을 깊이 공감하고, 도와주려는 마음이 동정을 표시할 줄 아는 사람'이다. 당신은 그런 사람인가? 당신의 배우자감도 이런 성향을 지니고 있는가?

10점 만점으로 점수를 매긴다면, 당신은 몇 점이고, 당신의 배우자감은 몇 점이나 될까? 점수 차이가 많이 나는 편인가? 불행한 사람들에 대한 두 사람의 태도가 확연한 차이를 보이는가? 당신은 동물들을 좋아하고 보살피는 편인데 배우자감은 무관심한 편인가?

동정할 줄 아는 사람이라면 당신이 그 사람과 관련 없는 문제로 힘들어할 때(가령 직장에서 발생한 문제)나 혹은 당사자와 언쟁을 벌일 때에도 보다 매끄러운 결과를 이끌어 줄 수 있다. 한마디로 말을 잘라 버리거나 분노를 표하는 것보다는 부드러운 한 번의 친절이 훨씬 감동적이다.

그런 사람은 당신의 불완전함을 보다 너그럽게 받아들여 줄 가능성이 더 크고, 그 성격이 결혼생활을 성공으로 이끄는 데 필요한 무조건적인 사랑으로 이어질 수도 있다.

다른 사람이 당신에게 보이는 친절과 동정의 정도는 당신이 조절할 수 없다. 하지만 당신이 다른 사람에게 친절과 동정을 표현할 수는 있다. 이 점을 항상 기억하라.

완벽주의자인가?

나는 실수를 한 후에 많이 고민하고 집착하는 편일까? 한번 생각해 보라. 실수를 했다는 사실에 오랫동안 벗어나지 못하는가? 자신의 잘못과 남들의 잘못을 항상 집중해서 찾아내는 편인가? 지금 모습보다 더 많은 것을 자신에게 기대하는가? 그런 경우라면 당신은 완벽주의자일 가능성이 높다. 그리고 인간이 어차피 불완전하기 때문에 언제든지 실수할 수 있다는 사실을 인정하고 자신에게 좀 더 너그러워져야 할 필요가 있다. 그러한 변화가 일어나지 않는다면, 그 성격이 새로운 인간관계를 맺을 때 심각한 문제로 불거져 나올 수 있다.

반면에, '잘못된 행동이나 실수를 저질러서' 배우자에게 실망을 줄까봐 노심초사하는 사람이라면, 그 상대방이 완벽주의자일 가능성이 있다. 배우자가 강박적으로 완벽을 요구하는 사람인지 아닌지를 생각해 보아야 할 것이다. 이런 사람과 매일매일 부딪히며 같이 살기란 쉬운 일이 아니다. 그런 사람들은 실수를 발견하게 되면 스스로에게 그렇듯이 상대방에게도 지나치게 비판적인 태도를 취하기 쉽다. 남을 조절하려는 경향도 있으며, 웬만해서는 마음을 열지 못하고, 쉽게 화를 내고, 간섭 받는 것을 달가워하지 않는다. 항상 자신이 올바른 해답을 알고 있다고 생각해서, 당신의 말이나 행동의 사소한 부분까지 수정을 가하려 한다.

완벽을 추구하는 사람들은 자신이 잘 못하는 일에 대해서는 피하려는 성향도 있다. 매일 아침 '0'의 상태에서 깨어나 매일매일 100% 완벽에 도달해야 하는 것으로 생각한다. 지나친 흑백논리에 빠져 있을 가능성도 있고, 그 성격 때문에 극도의 스트레스를 받기도 한다. 완벽주의자들은 좀처럼 그 성향이 바뀌지 않는다. 그렇다면 당신은 과연 그런 사람과 같이 살 수 있을까?

배우자가 완벽을 요구하는 경우라면, 당신에겐 그런 완벽함이 없으며 실수를 하는 것이나 불완전함이 전혀 잘못이 아니라는 사실을 알려 주자. 하지만 배우자에게 변화를 기대하지는 마라. 그런 기대를 한다면, 결혼한 후에 한탄하게 될 수도 있다.

이성에게 어떻게 행동하는가?

당신의 배우자감이 이성을 대하는 태도에 대한 질문이다. 이성에게 지나칠 정도로 사교적이고 친절한 편인가? 애초에 그 사람한테 끌린 이유가 그런 성격 때문이었는가? 그렇다면 이성에 대한 그런 태도를 결혼한 후에도 받아들일 수 있을까? 처음 만났을 때에는 당신에게 있는 관심 없는 관심 다 쏟아 부었던 사람이 차츰 무심해지는 것 같다면, 당신은 그 관계에 확신을 갖기 힘들 것이고 신뢰감도 굳어지지 못할 것이다. 호의적이고 친절한 성격인 것과 이성한테 성적으로 강한 흥미를 갖고 있는 것과는 매우 큰 차이가 있다.

이혼하는 이유 중 가장 많은 부분을 차지하는 것이 배우자의 바람기이다. 이성에게 지나치게 친절하고 외모가 뛰어난 사람들은 결국 배우자 몰래 딴짓을 하는 바람둥이로 변해 버리기 쉽다.

잘만 살펴보면, 육체적인 방종의 신호는 여러 군데서 찾아볼 수 있다. 부적절하게 혹은 쓸데없이 이성의 신체를 만진다거나, 이성의 몸을 음탕하게 훔쳐본다거나, 성적인 농담을 태연스럽게 자주 하는 등이 그 예가 될 것이다. 이런 행동들이 눈에 거슬릴 경우에는 배우자의 행동을 합리화하려고 애쓰지 말라. 핑계를 대지도 말라. 당신의 느낌을 배우자에게 솔직하게 전달해야 한다. 눈앞의 현실을 무시한다고 해서 그 문제가 사라지는 것은 아니니까.

사교적인 성격과 이성에게 아양 떠는(혹은 남자의 경우 지나친 친절을 보이는) 성격을 착각하지 마라. 그 사람의 사교성이 이성이나 동성 모두에게 똑같이 적용되는 경우라면 친절한 성격을 지닌 것이다. 하지만 이성에게만 한정된다면, 그것은 전혀 다른 문제로서 심각하게 받아들여야 한다.

상담받을 자세가 되어 있는가?

교회에서 결혼할 때 목사님들은 흔히 주례를 서기에 앞서 결혼할 커플과 몇 시간 동안 상담하는 시간을 갖는다. 두 사람이 결혼할 상대에 대해서 더 잘 알 수 있도록 도와주기 위해서다. 이러한 상담 과정을 거칠 수 있다면 활용해 보는 것도 매우 좋은 방법이다. 잃을 것은 전혀 없되, 얻을 것은 아주 많기 때문이다.

그러나 이러한 과정을 거쳤다고 해서 서로를 잘 알고, 무조건 이해할 수 있는 것은 아니다. 배우자에 대해 뜻밖에 놀라게 될 여지는 항상 남아 있다. 결혼한 후에 예상치 못한 행동을 보게 되고 그것이 화해로 연결되지 못하는 경우도 있다. 이런 일이 발생한다면, 교회에서 결혼할 때 상담을 해 주듯이, 상담을 받아 보라. 서로 간에 충분한 대화를 통하여 현명한 결과를 이끌어내고 별거나 이혼의 위험성을 줄일 수 있는 계기를 마련해 줄 수 있다.

문제는 어느 한 쪽이 외부로부터 도움받는 것을 거부하는 경우가 의외로 많다는 점이다. 그럴 경우, 다른 한 쪽은 그 사람이 그들의 결혼 서약, 즉 '검은 머리가 파뿌리 될 때까지 어떤 시련이 닥쳐도 사랑하고 존중하고 소중히 여기겠다'는 그 약속을 지키지 않을 듯한 느낌을 받게 된다.

많은 부부들이 파탄에 이르는 이유가 무엇이라고 생각하는가? 그 이유는 부부의 어느 한 쪽 혹은 둘 다 그 관계를 건강하게 만들기 위해서 힘껏 노력하려 하지 않았기 때문이다. 겉으로 이런저런 이유를 갖다 붙인다 해도, 그들이 정상적인 결혼생활을 위해서 필요했던 단계들을 밟지 않았다는 것이 진짜 이유다. 서로 노력해 보지도 않고, 필수적인 단계를 거치지도 않고 어떻게 잘 살 수 있기를 바라겠는가. 그러한 태도에 변화가 있지 않는 한 이혼은 피할 수 없는 결과가 되고 말 것이다.

어떤 이유로든 결혼생활에 스스로의 힘으로 해결할 수 없는 문제가 생겼을 때 전문가의 도움을 찾아보겠다는 약속을 하자.

가치관과 윤리의식에
대한 질문들

미덕을 미덕으로 여길 줄 아는 감각이
인간의 성격에 있어야 할 가장 중요한 요소이다.

_ 무명씨

　　　　　　　　　　매끄러운 결혼생활을 유지하
려면 서로의 가치관과 윤리의식을 존중해 주어야 한다. 하지
만 몇 번의 데이트만으로는 그런 부분들을 파악할 수가 없다.
가치관과 윤리의식을 안다는 것은 보다 깊이 있게 그 사람의
내면까지 안다는 뜻이다. 돈을 쓰는 방식, 사회에 헌신해야 할
필요성, 종교적인 성향, 성실성, 충실성과 가족 기타 등등의 문
제에 대한 사고방식을 알아내는 것이다. 예를 들어, 당신의 배
우자가 친척이나 친구에게 돈을 빌렸는데 미안한 마음도 없이
갚지 않는다면 당신은 그런 행동을 태연하게 받아들일 수 있
을까? 혹은 반응을 한다면 어떤 반응을 보이게 될까?

　당신의 가치관과 윤리의식은 흔히 당신이 자라 온 환경과
교육으로 인해 형성된다. 당신의 성장 배경이 상대방과 크게
다르지 않다면 가치관도 비슷할 가능성이 크다. 좋아하는 음
식의 취향이나 건강에 대한 습관들이 조금씩 다르다 해도 큰

문젯거리는 되지 않을 것이다. 당신의 배우자감이 다른 사람들을 어떻게 다루는지 잘 살펴보는 것으로 그의 가치관을 짐작할 수도 있다.

그는 처음 만난 날 당장 잠자리로 직행하길 바라고, 반면에 당신은 우선 이성적으로 친밀해지길 바랄 수도 있다. 그럴 경우, 상대방이 당신의 생각을 존중해 주는가? 당신이 중요하게 여기는 믿음들을 타협하지 말라. 관계가 시작되는 초기에, 상대의 가치관에 대해서 파악해 보아야 한다. 그래야, 고통스러운 순간이 닥칠 수 있는 가능성이 줄어든다.

개방적인가, 아니면 보수적인가?

자칫 결혼을 고려하는 커플들이 간과하기 쉬운 것이 바로 이 질문이다. 투표하러 갈 때에는 어떤 후보를 어떤 이유로 지지하느냐를 우선 결정해야 한다. 그리고 이 결정의 기준은 흔히 당신이 자유주의 성향인가 보수주의 성향인가에 따라서 달라진다.

그런 성향이 부부 관계에도 영향을 미칠 수 있다. 정치적으로는 민주당이든 공화당이든 큰 차이가 나지 않을지도 모른다. 무기 규제나 사형 제도에 대한 견해 차이가 있다고 해서 결혼이 깨지지는 않을 것이다. 또한 그런 정치적인 견해가 같다는 이유로 결혼을 결정하지도 않을 것이다. 하지만 자유주의적 혹은 보수주의적 성향이 결혼생활의 여러 단계에 스며들 수 있음을 명심해야 한다.

당신이 자유주의적이고 배우자가 극단적으로 보수주의적인 사람이라면, 결혼생활에서 발생하는 여러 문제에 (자녀를 어떤 학교에 보낼 것인가, 어떤 친구들을 사귈 것인가, 여가 시간을 어떻게 활용할 것인가 등등) 상반된 견해를 보일 가능성이 있다. 서로 다른 정치적인 견해로 인해서 흥미롭고 생동감이 넘치는 토론이 벌어질 수는 있다. 다만, 그런 성향이 두 사람의 사랑과 서로를 존중하는 마음을 망가뜨려서는 안 된다.

사람 관계에서부터 돈 씀씀이나 옷 입는 스타일에 이르기까지 모든 면이 자유주의적 혹은 보수주의적 사고방식에 영향을 받게 된다. 이 주제에 대해서 너무 심각해지지 않을 정도로 솔직하게 토론해 보자. 앞으로의 관계에 어떤 심각한 문제들이 튀어나올 수 있을지를 파악해 보는 것도 중요한 일이다.

결혼이 불안한 당신에게

정치적인 견해가 강한 편인가?

'정치라는 것은 참으로 알 수 없는 녀석이다'라고 사람들은 이야기한다. 이 주장에 대해서 당신은 어떻게 생각하는가?

당신은 정치에 깊이 몰입하는 편인가, 아니면 방관자적인 입장에서 필요할 때에만 의견을 제시하는 편인가?

두 사람 중 하나가 정치활동에 참여하고 싶거나 행정부에서 일하고자 한다면, 결혼할 때 이 부분을 의논해야 한다. 물론 둘 다 같은 성향이라면 걱정할 필요는 없다.

한 쪽이 정치적인 캠페인에 거금을 기부하고 싶어하고 상대 방은 반대하는 입장일 때, 이런 상황을 무리 없이 해결할 수 있는 방법이 있을까? 이러한 것이 이유가 되어 두 사람 사이에 균열을 일으키는 경우가 의외로 많다.

 두 사람의 정치적인 견해가 항상 비슷할 수는 없다. 생각이 다를 때라도 상대방의 견해를 존중해 주고, 서로의 생각을 인정하라.

봉사활동에 적극적인가,
최소한 그 활동을 지원해 줄 수 있을까?

많은 사람들이 자원봉사 활동을 하고 싶어 한다. 남을 돕고 싶어하는 의욕이 많은 사람도 있다. 배우자를 선택할 때 그 상대가 다른 사람을 돕는 일에 어떤 태도를 지니고 있는지 알 필요가 있다. 당신이 만약 자선활동에 많이 참여하는 타입이라면, 아마도 집에서 떠나 있어야 할 상황이 자주 생길 것이다. 그럴 때 당신의 배우자가 그 일을 반대 없이 받아들일 수 있을까?

당신이 소년 소녀 가장이나 질병으로 고생하는 사람들, 혹은 일가친척이 없는 고령자들 등 도움의 손길을 필요로 하는 사람들을 직접 알고 있을 수도 있다. 아니면 사회에 기여할 수 있는 단체에 가입하고 싶어 할 수도 있다. 당신의 배우자감이 그 활동을 격려해 줄까? 타인들을 위해 일하다 보면, 아무래도 배우자나 가정에 쏟을 시간이 줄어들 수밖에 없다. 상대방이 그런 부분을 이해하고 지지해 줄 수 있을까?

통계적으로 보면, 자원봉사 활동에 참여하는 사람들이 그렇지 않은 사람보다 더 오래, 더 행복하게 산다고 한다. 그런 활동을 통해서 새로운 친구들을 사귀고 새로운 능력을 개발할 수 있다. 부부가 함께 참여한다면 두 사람을 하나로 묶어주는 기회가 될 수도 있다. 내 울타리 안에 안주하는 것, 집에서 텔레비전을 시청하는 것도 개인에 따른 하나의 선택이지만, 그보다는 어려운 사람을 도와줌으로써 훨씬 커다란 기쁨을 맛볼 수가 있다.

봉사활동을 한 사람들은 자신이 필요한 존재라는 느낌에 감격을 표시한다. "나도 다른 사람을 도울 수 있구나."라는 경험을 뿌듯해한다. 그 경험을 배우자와 함께 한다면 서로의 성격을 파악하는 데에도 도움이 되고 서로를 바라보는 관점도 훨씬 너그러워질 것이다.

거짓말을 해도 괜찮을까?

당신은 거짓말을 어떻게 생각하는가? 사소한 일들 하나하나까지 정직한 편인가, 아니면 사소한 거짓말쯤은 가끔 해도 상관없다고 생각하는 편인가? 지금까지 살면서 선의의 거짓말을 한 번도 해보지 않은 사람은 아마 없을 것이다. 예를 들어, 사실은 늦잠을 자서 지각한 것인데 상사에게는 자동차 바퀴가 내려앉는 바람에 늦었다고 말해 봤을 수도 있다. 이런 사소한 거짓말을 했다고 해서 누군가가 피해를 입는 것은 아니다. 하지만 선의의 거짓말이라 해도 자주 하는 습관이 생겨 버리면 그 습관이 더 커다란 문제를 판단할 때에도 영향을 미치게 될 것이다.

사람 관계에서는 거짓말을 하지 않는 편이 훨씬 이롭다. 파트너에게 거짓말을 하면 신성한 신뢰감에 상처를 입히게 된다. 파트너가 설사 그 진실을 기분 나빠하더라도, 때가 되면 진실을 말한 보상이 따라올 것이다. 가끔은 사실대로 죄다 말해 버리는 것이 왠지 손해 보는 것 같아서, 혹은 자신의 행동에 책임지고 싶지 않기 때문에 거짓말을 하는 사람도 있다. 하지만 결론을 말한다면, 어떤 경우이든 거짓말은 옳은 일이 아니다. 또한 바람직하지도 않다.

당신이 거짓말을 듣게 된다면 신중해져야 한다. 거짓말쟁이와 같이 있으면 의심이 생기기 마련이고, 그 의심이 또 다른 의심을 불러 악순환을 일으킨다. 생계 수단으로서 어느 정도의 거짓말이 필요한 사람들도 있겠지만, 행복하고 성공적인 결혼을 위해서는 절대로 도움이 되지 않는다.

'저 사람이 거짓말을 하는구나'라는 의심이 생기면, 그 상황을 솔직하게 드러내서 설명해 달라고 요구하라. 거짓말임이 분명한데도 인정하지 않는 사람이라면, 심각한 문제가 있는 사람일 것이다. 하지만 배우자가 거짓말을 인정하고 사과한다면, 두 사람 사이에 진실성이 매우 중요하다는 점을 말한 다음 용서하자.

어떤 장점을 갖고 있을까?

지금 만나고 있는 사람이 인생의 동반자인지 아닌지를 평가하기 위해서는, 당신이 자신에 대해서 아는 것만큼 배우자감에 대해서도 많이 알아야만 한다. 배우자감에 대해서 많이 알수록, 그의 장점을 존중하고 감탄할 수 있으며 그의 단점과 잠재적인 문제의 소지도 파악할 수 있다.

사람들은 각기 다른 능력과 힘을 갖고 있다. 서로가 갖고 있는 그 힘과 능력을 알아보는 것은 중요한 일이다. 서로에게 없는 어떤 능력을 갖고 있는지 찾아보라. 그와 동시에 자신의 단점과 상대방의 단점을 받아들이는 방법도 배워야 한다.

둘 다 자신이 할 수 있는 일에 최선을 다하고 취약한 부분을 보완해 주는 자세가 중요하다.

배우자가 모든 면에서 당신보다 뛰어나야 한다고 생각하지 마라. 그 사람이 가진 특별한 능력과 힘을 존중할 줄 알아야 한다. 서로의 단점을 비난하는 것도 좋은 태도가 아니다.

어떤 부부의 모습을 닮고 싶은가?

　어린아이들에게 커서 어떤 사람처럼 되고 싶으냐고 물어 보면 한두 명씩 존경하는 인물의 이름을 대답한다. 누군가를 본받는 행동이 어린아이들에게만 적용되는 것은 아니다. 어른이 되어서도 인간관계나 인생의 다른 측면에서 성공한 사람들을 본받아 많은 것들을 배울 수 있다.

　각자가 존경하는 부부들의 모습을 이야기해 보자. 그 대화를 계기로 서로가 생각하는 이상적인 결혼과 결혼생활의 바람에 대해서 좀 더 확실하게 알아볼 수 있다.

　역사적으로도 서로에게 헌신적이었던 부분들을 많이 찾아볼 수 있다. 로버트 브라우닝과 엘리자베스 베렛 브라우닝은 얼굴을 마주하기 전부터 서로의 시를 읽고 사랑에 빠져 버린 커플이다. 폴 메카트니도 그의 아내 린다가 1998년 암으로 세상을 떠날 때까지 행복한 결혼생활을 영위하였다.

　존경하는 부부가 유명한 연예인이든 역사적인 인물이든, 부모님이든 혹은 이웃의 어느 부부이든 간에 그것은 중요하지 않다. 이렇게 대화를 해 봄으로써 상대방의 결혼에 대한 소망을 보다 잘 이해하고, 다른 부부의 모습으로 배울 수 있다는 점이 중요하다.

서로 존경하는 부부 상을 말하다 보면 둘 다 똑같은 기대감과 미래의 꿈을 갖고 있다는 것을 알게 될 경우가 많다. 그것을 계기로 두 사람의 생활방식을 더욱 건강하게 이끌어 갈 수 있을 것이다.

일과 직업에
대한 질문들

인연이란 하늘에서 맺어 주는 것일지도 모른다.
하지만 그 인연을 유지하는 것은 땅에서 이루어진다.

_ 무명씨

어떤 사람들은 그 사람이 어떤 일을 하느냐에 따라 그 사람의 가치를 규정한다. 직업을 인생의 최우선 과제로 삼기 때문이다. 또 다른 사람들은 일하기 위해서 사는 것이 아니라 충만한 삶을 살아가기 위해서 일을 한다고 생각한다. 일과 즐거움 사이의 균형을 찾으려 애쓰는 사람들이다.

이번에 나올 질문들은 직업에 대해 갖고 있는 서로의 생각들을 확인해 보고 그 문제가 당신의 삶과 가정에 어떻게 적용될 것인지를 알 수 있게 해 줄 것이다. 요즘에는 보다 풍족한 생활을 영위하기 위해 맞벌이를 하는 부부가 늘어나고 있다. 그것이 어쩔 수 없는 현실이라면 가정에서의 역할들을 좀 더 분명하게 해야 할 필요와, 함께 보내는 시간을 질적으로 향상시켜야 할 필요가 있다. 당신의 배우자가 사무실에서 너무 많은 시간을 보내거나 매일 밤 고객들과 술을 마신다면, 두 사람을 위해서 그리고 나중에 가정을 위해서 언제 시간을 낼 수 있을까?

결혼생활에 들어가기 전에 그들의 미래를 구체적으로 생각하는 부부는 결혼 후에 생길지도 모르는 불쾌한 논쟁들을 피할 수 있다. 어떤 직업을 가질 것이며, 앞으로 어떤 생활 스타일을 원하고 있는가, 누가 누군가에게 무엇을 희생할 것인가에 대한 부분들이 구체적인 생각의 범주에 포함된다. 그런 일들이 저절로 해결될 것이라는 기대는 아예 하지 말라.

배우자의 직업을 존중하는가?

당신이 배우자가 하는 일을 지지해 주고 그 일에 진지한 관심을 보여주는 것은 중요하다. 어차피 그 일은 혼자만을 위한 것이 아니라 앞으로 두 사람 모두를 위한 일이 될 것이기 때문이다.

배우자가 하는 일의 분야가 당신에게 전혀 낯선 분야라면, 그 일에 관한 질문을 해서 관심을 표하라. 대개의 부부들에게는 저녁 식사 때가 편안하게 대화할 수 있는 시간이 될 것이다. 상대방이 열심히 생활용품 시장이나 고객으로 인해 생긴 문제들을 얘기하고 있는데 당신의 관심사가 아니라는 이유로 멍하니 지겨운 표정을 짓고 앉아 있다면 어떨까? 당신의 배우자가 불쾌한 표정을 짓는다고 해도 비난할 일은 아닐 것이다. 애초에 관심을 보이지 않았던 쪽은 당신이다.

서로의 직업에 대해서 적극적으로 알려고 노력하자. 그것이 함께 하는 미래의 핵심적인 부분이다. 어떤 직업을 선택했느냐에 따라서 당신의 생활이 천차만별로 달라질 수 있다. 두 사람이 어느 정도 함께 시간을 보낼 수 있을지, 그 시간을 어떤 방법으로 보낼 수 있을지, 여유 있는 생활을 할 수 있을지 아니면 매달 근근이 살아가야 할지에 이르기까지 광범위한 범위를 주관할 수가 있다.

만약 당신의 파트너가 지금 하고 있는 일을 좋아하지 않는다면, 다른 직장으로 옮기도록 용기를 불어 넣어 줄 수도 있는 일이다. 아니면 다른 직업을 찾기 위한 교육기관을 같이 알아볼 수도 있다. 요즘에는 몇 번쯤 직업을 바꾸는 것이 흠이 되지 않을 뿐 아니라 오히려 가치 상승의 역할을 하기도 한다.

부부란 사회적인 성공만을 추구하기 위해 함께 있는 것이 아니다. 서로가 행복해질 수 있도록 함께 노력해야 한다.

일터에서 즐겁게 일할 수 있다면 생활의 행복도 더 커진다. 배우자가 즐겁게 일할 수 있는 분야를 찾을 수 있도록 도와 주자. 그리고 만약 그 사람이 변화를 원하고 있다면 기꺼이 지원해 주자. 설사 그 일이 짧은 시간 내에 경제적인 보상을 해 주지 못한다 해도 훗날을 기약할 수 있다.

출·퇴근 시간이 비슷한가?

우리의 24시간이 어떻게 활용되고 있는지 생각해 보자. 대게는 잠을 자는 시간과 일하는 시간이 가장 큰 비중을 차지한다. 보통은 6시간이나 8시간 정도 잠을 자고, 나머지 시간 안에 일하는 시간과 먹는 시간 등이 포함된다. 그런데 다른 사람보다 더 많은 시간을 일로 보내는 사람들이 있다. 어쩔 수 없는 상황이라서, 혹은 일중독에 걸려 있기 때문일 수도 있다. 그럴 경우에는 부부가 함께 할 수 있는 시간이 별로 남질 않는다.

이런 상황을 대비해서, 각자 일하는 시간을 얘기해 보고 질적으로 함께 보낼 시간을 마련할 필요가 있다. 저녁 식사 시간이든 잠깐의 아침 시간이든, 서로가 서로를 느낄 수 있는 시간이 있어야 한다.

공휴일과 휴가 기간에는 어떻게 할까? 이 점도 생각해 보아야 한다. 어느 한 쪽이 자유롭게 시간 조정할 수 있는 직업이거나 프리랜서이고, 다른 쪽은 사무실에 묶인 몸으로 야근까지

해야 할 상황이라면 주말과 휴가 계획을 어떻게 세워야 할까? 일하는 시간이 일치하지 않으면 갑작스럽든 계획에 의해서든 행복한 순간을 만들기가 쉽지 않을 것이다.

가능한 한 많은 시간을 같이 보내는 것이 행복한 결혼생활을 위해 중요하다. 서로 떨어져 지내야 할 시간이 너무 많으면 어떻게든 조정을 해보아야 한다. 좀 더 시간 여유가 있는 직업을 찾아보면 어떨까? 일주일에 한 번씩 데이트하는 날을 정해서 특별하고 낭만적인 행사를 계획해 보는 건 또 어떨까? 결혼생활에 놀랄 것 하나 없고 특별한 것 하나 없는 일상으로 변해버렸다면, 최소한 일주일에 한두 시간 정도는 함께 즐길 수 있는 시간을 마련해야 할 것이다.

당신의 배우자감에게 부부로서 함께 보내는 시간을 어떻게 생각하느냐고 물어보자. 함께 하는 시간을 중요하게 여기는지를 알아보아야 한다.

계속 공부할 계획이 있는가?

    당신이 인생의 목표로 삼고 있는 것 중에서, 다시 공부하는 것이 포함되어 있는가? 또는 직업 때문에 추가 교육을 받을 계획이 있는가? 젊은 남녀가 결혼할 때 원하는 만큼의 교육을 받지 못했을 경우가 있다. 교육을 받는 데에는 여러 가지 이점이 있다. 새로운 것을 배운다는 소박한 기쁨은 기본이고, 사회생활에 뛰어들기 위한 사전 준비를 갖추게 된다는 것이다.

    두 사람 중의 어느 한 쪽이 계속 공부할 계획을 가지고 있다면, 한 사람이 목표를 이룰 때까지 다른 한 사람은 어느 정도의 희생을 감수해야만 할 것이다.

    그 기간 동안 당신 자신의 꿈을 접어 둘 수 있을까?

    이에 대해서 서로가 충분히 이야기해야 한다.

MUST HAVE

당신이 바라는 일들을 인생을 함께할 이에게 이야기해 보자. 처음부터 꿈을 함께 계획하자. 그런 노력이 두 사람을 성공적이고 만족스러운 결혼생활로 이끌어 줄 것이다.

비슷한 수준의 야망을 지니고 있는가?

인생에서 바라는 야망이 비슷한 사람들이라면 보다 조화로운 관계를 이루며 살아갈 수 있을 것이다. 반대로 야망의 수준이 크게 차이가 난다면 아무래도 부딪히는 부분이 많을 수밖에 없을 것이다.

당신의 배우자감이 어떤 수준의 야망을 지니고 있는지 알아보라. 직업을 단지 생계를 위해 돈 버는 수단으로 생각하는가, 아니면 그 분야에서 성공하고자 하는 야망으로 매진하고 있는가? 출·퇴근 시간을 정확히 지키고 나머지 시간에는 헬스나 전시회 관람과 같은 개인 취미생활에 사용하는가? 아니면 야근도 마다하지 않고 불철주야 일에만 매달리는가? 당신은 배우자감의 야망보다 자신의 야망이 더 크다고 생각하고 있는가? 당신과 당신의 배우자감이 지닌 직업에 대한 열정이 비슷한 수준인가?

이런 야망의 차이는 결혼생활에 적용하기에도 만만치가 않다. 특히 주택 마련이나 새 자동차 구입, 정기 휴가 여행, 그 외에 수백 가지 일들에 합의를 보지 못할 때에는 더욱 상황을 까다롭게 꼬아 버릴 수 있다. 어느 한 쪽이 자유롭고 평화로운 생활을 고집하고 다른 쪽은 일중독에 걸려 있을 때 결혼이 실패로 이어지는 예가 많이 일어난다. 그러므로 서로 어떤 직업적인 목표를 갖고 있는지, 앞으로의 목적은 무엇인지를 대화해야할 필요가 있으며, 또한 양쪽이 모두 수긍할 수 있는 생활 스타일이 어떤 것인지에 대해서도 상호 이해에 도달해야 한다.

서로가 어느 정도 야망을 갖고 있는지 잘 파악해 보자. 차이가 많이 날 경우에는 배우자의 태도가 바뀔 거라고 기대하지 말자. 그런 성향은 쉽게 변하지 않는다.

사랑과 성(Sex)에 대한
질문들

결혼생활은 찌개와 같다.
그걸 만드는 당사자만이 그 결과를 알 수 있다.

_무명씨

　　　　　　　　새로운 관계가 형성되는 시기
에는 함께 있을 때 육체적인 부분이 큰 몫을 차지한다. 새롭게
정열이 불붙고, 서로의 눈을 들여다보며 서로를 알아간다는
기쁨에 젖어서 새록새록 애정이 생기는 것을 느낀다. 하지만
서서히 시간이 지나면 육체적인 자극이 다소 시들해질 수 있
다. 그럴 때 다른 분야에서 서로의 친밀감을 찾지 못하면 서로
가 낯선 사람처럼 느낄 수도 있다. 그러므로 육체 이외의 다른
부분에서 서로를 즐기고 알 수 있는 기회가 필요하다.

　　결혼 전에 성적인 관계를 맺었든 결혼할 때까지 기다렸든지
간에, 앞으로의 성관계에 대해서 서로 어떤 감정을 갖고 있는
지를 알아야 한다. 섹스의 횟수에 대해서는 사람마다 의견이
다르지만, 부부 사이에서는 섹스 말고도 다른 쪽에서 사랑받
고 있다는 것을 느끼는 것이 무엇보다도 중요하다.

　　생활을 하다 보면 배우자에게 사랑받지 못하고 있다고 느껴

질 때가 간혹 있는데, 이러한 감정이 누적되다 보면 감정이 생겨 급기야 싸움까지 발생한다. 이렇게 발생하는 잦은 싸움으로 부부가 이혼 법정으로 달려가는데, 결혼생활이란 양단간의 결판을 내야 하는 분야가 아니다.

파국을 바라보는 대신, 그 상황에 기쁨과 활기를 가져다줄 수 있는 해결책들을 찾아보라. 가끔은 그 과정에서 자신의 면모를 발견할 수도 있고, 또한 그 과정을 통하여 두 사람의 사랑이 더 강하게 맺어질 수도 있다.

당신에게 사랑이란 어떤 의미인가?

사랑이라는 게 무엇일까? 당신은 사랑이 무엇인지 알고 있는가? 상대방을 바꾸려 하지 않고 있는 그대로 받아들일 정도로 사랑할 준비가 되어 있는가? 있는 그대로 받아들이는 것도 사랑의 커다란 한 부분이다. 처음 "사랑해"라고 말했을 때를 돌이켜 보면 상대의 단점을 너그럽게 받아 주었거나 아니면 전혀 의식하지 못하고 있었을 것이다. 그런데 상대의 불완전한 모습을 발견하기 시작하면서 갈등이 생겨나고, 그 결점에 대한 비난과 못마땅함이 그 사람에 대한 사랑의 감정에까지 영향을 미치게 된다. 상대를 개조시키고 싶은 욕망을 떨쳐 내야 한다. 그래야 두 사람의 관계에 행복이 커질 수 있다.

상대방의 사랑과 애정은 싸워서 쟁취할 수 있는 것이 아니다. 굳이 힘들게 노력해야 하는 것도 아니다. 자연스럽게 사랑을 표현하는 것도 별로 힘들지 않다. 진심이 깃든 사랑의 표현은 다정한 말이나 부드러운 미소나 아끼고 보살펴 주는 행동으로 분명하게 전달이 된다. 상대방에 대한 진정한 사랑이 당신의 사랑에 대한 기대감이나 이기적인 동기보다 더 우선되어야 한다. 사랑에는 지배하려는 방식이 먹혀들지 않는다. 모든 것을 갖든지 아니면 포기해야 하는 거래도 아니다. 시간을 갖고 진정한 사랑의 의미에 대해서 이야기해 보라.

 서로를 위해서 사랑을 바탕으로 선택해 보자. 그럼 진정한 사랑이 모습을 드러낼 것이다.

'영원한 사랑'이란 어떤 것일까?

어떤 사람들은 사랑이 육체적인 형태로만 표현된다고 생각하고, 또 어떤 사람들은 일상적인 몸짓이나 말을 통해서도 진정한 사랑이 분명하게 표현된다고 생각한다. 그렇다면 '영원한 사랑'이란 어떤 것일까? 당신이 생각하는 '영원한 사랑'은 어떤 것인가?

사랑하는 사람과 함께 있을 때 경험하는 날아갈 듯한 감정이 정열적이고 낭만적인 사랑일까? 그런 감정이 흐릿해지면 어떻게 될까? 더 성숙하고 깊은 사랑을 가꾸기 위해서 어떤 것들이 필요할까?

영원한 사랑은 매우 복잡한 과정일 수 있다. 영원한 사랑을 만들기 위해서 대개의 남녀들은 몇 가지 단계를 거치게 된다. 그 첫 단계가 낭만적인 단계이다. 흔히 이때가 가장 짜릿하고 황홀하다. 하지만 이것만이 영원한 사랑을 만들 수 있다고 생각하지는 말라.

영원한 사랑에는 많은 것들이 필요하다. 아플 때나 건강할 때나 서로를 보살피는 것, 기쁠 때나 불행할 때 함께 있어 주는 것, 서로를 신뢰하고 있는 그대로의 모습을 받아들이는 것, 공통적인 관심사들을 함께 즐기는 것 등의 의미를 지니고 있다. 이 모든 것들이 영원한 사랑을 구성하는 요소들이다.

서로가 생각하는 영원한 사랑의 의미를 나누어 보라. 성공적인 결혼을 위해서 필요한 노력들을 현실적으로 이야기해 보라.

영원한 사랑을 가꿔 갈 수 있는 기술들을 개발해 보자. 서로의 말을 신중하게 듣고 솔직하고 정직하게 대답하자. 하나를 더한다면, 상대방의 마음속에 어떤 생각들이 지나가고 있을지 관심을 기울이자.

사랑 이외의 다른 이유로 결혼하려 하는가?

남녀가 만나서 결혼을 결정하는 이유에는 사랑 이외에도 여러 가지가 있다. 결혼하는 게 편해서, 혹은 필요에 의해서, 혹은 함께 있어 줄 동반자를 원하기 때문에 결혼할 수도 있다.

한번 실패한 결혼에서 얻은 자녀가 있다면 그 아이들에게 아버지나 어머니를 만들어 주고 싶다는 생각이 사랑보다 더 중요한 동기가 되기도 한다. 결혼 전에 임신했을 경우에도 자신의 행동에 책임을 지고 싶어서 결혼하기로 결정을 한다. 돈 때문에, 심리적인 안정감 때문에 결혼을 결정하는 사람들도 있다.

이렇듯 다양한 이유들이 있으며 그 어느 것도 성공적인 결혼을 보장해 줄 수는 없지만, 사랑 이외의 이유로 결혼한 부부들이 시간이 흐른 뒤에 열렬한 사랑을 하게 되는 경우도 있다.

당신이 사랑 이외의 이유로 결혼을 고려하고 있다면, 당신의 배우자감도 그 이유를 알고 있는가? 두 사람이 그 이유에 동의

한다면, 당신은 미래에 어떤 기대감을 갖고 있는가? 예를 들어, 지금의 정략결혼이 정열적인 결혼으로 바뀌기를 바라는가? 그런 일이 일어나지 않을지도 모른다는 사실에 마음의 준비가 되어 있는가? 굳이 정열적인 사랑이 없더라도 행복과 신뢰가 있는 결혼생활을 만들어 갈 수 있으리라 생각하는가?

당신이 사랑 이외의 이유로 결혼하는 경우라면, 그것을 일종의 계약처럼 생각하고 있을지 모른다. 하지만 남은 평생을 함께 살아갈 두 사람이 성공적으로 결합하려면 진지하고 정열적인 사랑이 매우 중요하다.

육체적으로 끌리는가?

　두 사람 사이에 강한 화학 작용 같은 것이 일어나는가 아니면 서로를 감탄하고 좋아할 뿐인가? 처음 만날 때 배우자에게 육체적인 매력을 느끼지 못했더라도, 시간이 지나면 그런 감정이 생겨날 거라고 생각하는가? 육체적으로 끌리지 않는 사람과 건강하고 지속적인 결혼생활을 유지할 수 있다고 생각하는가?

　남녀 관계에는 육체적인 끌림이 매우 중요한 요소이다. 하지만 그것은 올바른 파트너를 선택하는 일의 한 가지 부분에 불과하다. 육체적인 매력이 결혼의 중대한 요소로 작용하는 경우가 많은 게 사실이지만, 결혼생활에는 성관계를 즐기는 것보다 더 많은 일들이 포함되어 있다.

　처음 만나기 시작했을 때에는 정열적인 섹스가 감정과 정신적인 사랑으로까지 두 사람을 묶어 주는 역할을 한다. 하지만 그 강렬한 감정이 사라지고 나면 어떻게 될까? 그 정열을 보다 성숙한 사랑으로 가꾸어 나갈 수 있을까? 많은 커플들이 어려워하는 것이 바로 이 부분이다. 다음 단계로 그들의 관계를 진전시키기 위해 필요한 것들을 챙기지 못하는 것이다. 편안하고 진지한 대화, 알뜰하게 챙겨 주기, 애정과 격려와 같은 더 많은 기쁨들 말이다.

결혼을 고려하기 이전에 배우자 감에게 육체적으로 끌리는지, 그것이 올바른 종류의 끌림인지 확인해 보자.

결혼이 불안한 당신에게

성적인 욕구가 비슷하게 맞춰질까?

결혼생활에서 커다란 문제가 될 수 있는 것 중 하나가 성적인 부분이다. 배우자가 몇 주일 혹은 몇 달 동안 섹스에 관심을 보이지 않는다면, 당신의 반응은 어떨까?

일반적으로 속궁합이 맞지 않을 때에는 잦은 갈등이 일어난다. 반면에, 그 부분이 잘 맞으면 갈등이 줄어들기 마련이다. 주의해야 할 것은, 섹스를 부부 관계의 기본으로 삼아서는 안 된다는 것이다. 섹스는 사랑의 필수 조건이 아니라 선택 조건에 불과하다.

배우자가 너무 강요한다는 느낌이 든다면, 다정하고 온화하게 당신의 감정을 잘 표현해야 한다. 반대로 당신이 섹스를 바라는 쪽이고 배우자가 원하지 않는다면, 그런 상대방의 마음을 존중할 줄 알아야 한다.

 배우자와 함께 오랫동안 건강한 성생활을 유지하기 위해서는 다정하면서 서로에 대한 믿음이 기본적으로 형성되어야 한다.

낭만이 중요한가?

'낭만'은 황홀한 단어이다. 어떤 사람은 '낭만적'이라 하면, 현란한 색채의 옷을 입은 원주민들과 경쾌한 음악이 흐르는 어느 남쪽 바다의 이국적인 섬, 그곳에서의 하루종일 코코넛을 먹는 연인들의 모습을 상상한다. 또 다른 사람들은 별이 총총한 하늘 아래서 꿈에 그리던 왕자님과 똑같은 남자의 품에 안겨 사랑 고백을 듣는 장면을 떠올리기도 한다. 당신이 낭만을 이런 식으로 생각한다면, 결혼했을 때 그것을 지속시키기 위해서 과연 어떻게 해야 할까?

사람들은 흔히 결혼을 한 후에도 영원히 정열이 불타오르기를 바란다. 그런데 아침에 깨어나서 아이들 학교 보내고, 다급하게 직장으로 달려가고, 그다음에는 피곤에 절어 집으로 돌아오는 매일의 일상 속에서 이 꿈을 어떻게 이룰 수 있을까?

낭만은 마음에서 시작된다. 결혼생활에서 커다란 즐거움 중 하나가 배우자가 당신을 진심으로 사랑하고 소중히 여긴다는 느낌에 빠지는 것이다. 저녁에 집으로 돌아와 서로를 포옹하면서 오늘 하루 어땠느냐고 서로에게 물어 보고 그의 말을 정성껏 들어주고, 한두 번의 키스를 나누고 하는 이런 것들이 결혼 생활의 낭만을 연결해 준다.

몇 년간 함께 살다 보면 부부 관계가 기계적으로 식상해지곤 한다. 이럴 때 낭만에 대한 꿈이 사라져 버리기 쉽다. 그런 식으로 흘러가게 내버려 두지 말라! 즉, 낭만적이길 바란다면 낭만의 꿈을 잃지 않도록 노력해야 한다는 뜻이다.

낭만적인 순간은 하루하루의 일상에서 서로 사랑과 애정으로 이어질 때에 훨씬 의미가 깊어진다.

당신의 성 경험은?

　당신은 성 경험이 많고 파트너는 그렇지 않을 수도 있고, 그 반대의 경우가 될 수도 있다. 처음 잠자리를 같이 할 때 그런 경험이나 혹은 경험 부족이 어떤 영향을 미치게 될까? 어느 한 쪽이 과거에 성적으로 쓰라린 기억이 있을 경우는 또 어떨까? 육체적인 관계로 들어가기 전에 상대방과 성적인 의심이나 불안감 등을 이야기해 보는 것은 매우 중요하다. 사랑을 나누는 행위에는 육체적인 것과 정신적인 부분이 둘 다 포함된다. 두 사람 다 서로에게 편안한 기분으로 잠자리에 들 수 있어야 한다.

　성 경험에 대한 이야기를 한다고 해서, 꼭 서로에게 이전의 성관계를 상세하게 고백해야 한다는 뜻은 아니다. 하지만 사람마다 섹스에 대한 기대감이나 성적인 규칙 같은 것이 다를 수가 있다. 일주일에 몇 번쯤 섹스하길 바라는지, 누가 먼저 시작하길 바라는지 등 그런 일반적인 내용을 이야기하라는 것이다.

두 사람 중의 한 쪽이 동정이거나 처녀일 경우에는 특별히 더 신중한 배려와 인내심을 보여 주어야 한다. 서로에 대한 사랑이 있을 때 섹스가 더 자연스럽고 편안할 수 있다. 경험이 있는 사람이라 해도, 서로의 취향에 익숙해질 수 있는 기간이 필요하다. 그러므로 서로에게 인내심을 갖고, 육체적인 경험을 즐기기 위해서 서로 배우는 시간을 가져야 한다.

건강한 성생활을 만들어 나가려면 시간과 배려, 서로에 대한 존중이 필요하다.

섹스에 대한 콤플렉스가 있는가?

결혼한 부부라면 당연히 육체적인 긴밀함을 기대하게 된다. 그런데 어느 한쪽이 육체적인 결합에 거부감을 갖고 있다면….

섹스에 대한 혐오감은 육체적인 관계에 대한 두려움, 강간이나 어렸을 때 경험했던 성적인 학대, 섹스가 더러운 것이라는 선입견 때문에 생길 수도 있다.

결혼 전에는 전혀 몰랐다가 그 후에 배우자가 섹스에 심각한 거부감이 있다는 걸 알게 되었다면 어떨까?

이 문제는 피한다고 해결될 일이 아니다. 이를 소홀히 여겼다가는 거부감과 상처, 분노와 혼란 등의 감정을 낳아 커다란 문제로 만들 수가 있다. 건강한 성생활을 위해 즉시 전문가의 도움을 구하거나, 서로 필요한 노력을 아끼지 말아야 할 것이다.

 성적인 장애나 문제가 있을 경우에는, 배우자와 솔직한 대화를 유지하면서 전문가의 치료를 받아야 한다. 그리고 치료가 가능하다는 것을 믿어야 한다.

성적으로 이상한 습관을 지니고 있는가?

　결혼하려는 상대에게 이런 질문을 하는 것이 다소 이상하게 들리긴 하겠지만, 결혼한 후에 그 상대가 폰섹스를 좋아하거나 포르노 비디오를 즐겨 보는 습관이 있다는 걸 알게 된다면 어떻게 하겠는가?

　세상에는 성적으로 다소 뒤틀린 취향을 가진 사람들이 많이 있는데, 그것을 알아낸다는 것이 쉬운 일은 아니다. 만난 지 얼마 안 된 상황에서는 더더욱 그렇다. 배우자가 자발적으로 그런 취향을 드러낼 것 같지도 않다. 당신에게 변태로 취급받을까 봐 오히려 최대한 오랫동안 그 사실을 숨기려 할 것이다.

　그러므로 결혼을 고려하는 상대방과 성적인 부분을 대화의 소재로 삼을 필요가 있는데, 각자 어떤 성행위는 편하게 받아들일 만하고 또 어떤 종류는 받아들일 수 없는지 이야기해 보라. 이 민감한 분야의 대화를 통해서 성에 대한 서로의 믿음과 가치관을 알아볼 수 있다.

만약 당신이 용납하지 못할 만한 부분이 발견된다면, 배우자에게 전문적인 치료와 상담을 권해 볼 수도 있을 것이다. 그가 노력하는 모습을 보인다면 그 문제의 해결 가능성은 열려 있는 셈이다.

긴밀해진다는 것은 사랑하는 사람에게 당신의 가장 개인적인 생각까지 편하게 말할 수 있다는 의미가 포함되어 있다. 하지만 변태적인 성 취향을 지닌 사람은 상대를 지배하거나 수치심을 유발할 수 있기 때문에 긴밀함과 친밀감을 무너뜨리는 결과를 낳게 된다.

연인이기 이전에 친구인가?

사람들에게 제일 친한 친구가 누구냐고 물어 보면 한 사람의 이름쯤은 나오기 마련이다. 한밤중에 전화해서 고민을 털어놓을 수 있는 친구, 언제나 내 편이 되어 주고, 힘들 때 의지가 되어 주는 친구이다.

당신의 배우자도 그런 제일 친한 친구가 되어야 한다. 당신의 생각을 격려해 주고 의욕을 북돋아 주고 당신의 말을 잘 들어 줄 수 있는 사람, 가끔은 반박까지 마다하지 않는 친구가 되어야 한다. 그런 반려자는 당신의 생각과 감정을 정리할 수 있게 해 주고 직면한 문제에 맞설 수 있도록 힘을 북돋아 준다. 사랑하는 배우자와 이런 우정을 나눌 수 있다면, 행복의 길로 이미 씩씩하게 나아가고 있다는 뜻이다.

친구보다는 연인으로서의 모습을 우선으로 삼고 있다면, 지금의 관계가 향하고 있는 방향을 한 번쯤 돌아볼 때가 되었을지도 모른다. 결혼생활에서는 친구로서의 감정을 잃어버릴 때가 결혼이 끝날 수도 있는 시기이다. 한번 생각해 보라. 제일 친한 친구에게 함부로 굴 수 있을까? 제일 친한 친구가 바빠 죽을 지경인데 무리한 요구를 할 수 있을까? 제일 친한 친구와 오붓하게 대화할 수 있는 시간이 생겼는데도 딴청 피울 수 있을까?

당신의 배우자감이 아직 친한 친구처럼 느껴지지 않는다면, 결혼보다 먼저 그런 관계를 위해 진지하게 노력해 보아야 한다. 또한 말과 행동 등 모든 면으로 당신의 애정을 상대에게 표현해야 한다.

결혼한 부부 사이에 진정한 우정이 있으면 기대한 것 이상의 결과가 나타날 것이다.

있는 그대로를 인정하는가?

결혼생활에서 제일 힘들어지는 순간이, 한쪽이 상대방인 배우자의 습관이나 행동을 바꾸려고 고집할 때이다. 이런 상황은 일정한 시간이 흐를 때까지 나타나지 않는다. 처음 만났을 때에는 상대방의 불완전한 모습들이 그리 눈에 거슬리지 않을 수 있다. 그런데 일단 결혼을 하고 하루 24시간, 일주일에 7일 동안 부딪히다 보면 전에는 미처 몰랐던 짜증스러운 부분들이 하나씩 드러나기 마련이다. 그럴 때 당신은 참아 낼 준비가 되어 있을까?

당신이 배우자의 어떤 행동에 화가 난다면, 일단 자신의 모습부터 살펴보라. 당신의 어떤 행동이 계기가 되어 배우자가 그 싫은 행동을 반응으로 나타냈을 수도 있다. 예를 들어 당신의 문제 처리 방식이나 비난의 태도 등이 배우자에게 영향을 미쳤을 수도 있다.

하지만 배우자의 어떤 부분이 꼭 변화되어야 한다고 생각한다면, 결혼하기 전에 그 점을 솔직하게 이야기하는 편이 낫다. 그렇게 해야 하는 이유는 결혼하기 전에 변하지 않는다면 결혼한 후에도 변하지 않을 가능성이 농후하기 때문이다.

무조건적인 사랑은 상대를 변화시키려는 노력조차 중단하기를 요구한다. 있는 그대로 받아들이는 사람들이 좋은 관계를 유지할 수 있다. 굳이 상대방을 바꾸려 하지 말자고 마음먹으면, 내 마음의 평화도 얻을 수 있고 두 사람의 관계도 더 만족스러워질 것이다.

결혼은 해 볼 만한 것, 잘 안되면
다른 사람과 다시 시도해 볼 수 있다?

결혼이란 나 이외의 다른 사람에게 평생을 약속하는 의미를 지니고 있다. 당신은 평생의 사랑과 헌신을 확신하기 위해서 어떤 지침을 세워 두었는가? 약속이란 어떤 것일까? 결혼 서약서에는 분명히 힘들 때에나 어려울 때에나 아플 때에나 건강할 때에나 영원히 이 약속을 지키겠다고 명시되어 있다.

그런데 안타깝게도 요즘은 예전처럼 그 약속에 큰 무게를 두지 않는 듯하다. 어떤 이는 그것을 한물 간 구시대적인 생각이라 여기며 고물 취급을 한다. 사회에서도 결혼생활이 힘들어질 경우 파기할 수 있다는 점을 인정해 준다. 하지만 때때로 그 약속을 지키기가 불가능할 것 같을 때도 있는 게 사실이다. 그럴 때에는 헌신적인 파트너가 그 결혼의 성공과 실패를 판가름할 수 있다.

상대방이 평생 결혼서약을 지킬 것임을 안다면, 어려운 시간을 겪을 때라도 돌아서지 않으리라는 점을 믿을 수 있다면, 결

혼생활에는 안정감이 생겨난다. 배우자가 당신을 언제든 갈아
치울 수 있는 하나의 가구쯤으로 여긴다면, 결혼생활의 안정감
을 어디서 찾을 수 있겠는가?

진심으로 지금의 배우자와 평생을 약속할 자세가 될 때까지는 결혼
서약을 하지 말아야 한다. 정직한 약속이 없으면 두 사람 사이에 신
뢰나 친밀감이 생겨나기 힘들다.

어느 정도의 믿음이 있는 약속인가?

"부자일 때나 가난할 때, 좋을 때나 나쁠 때, 병들었을 때나 건강할 때…" 결혼 서약의 이 문구 정도는 모두들 들어 보았을 것이다. 결혼하는 남녀가 앞으로 함께 인생을 살아가려고 한다는 점에 비추어 볼 때 이 말은 그리 이상한 게 아니다. 그런데 결혼할 당시에는 질병이나 죽음의 가능성에 대해서 그리 심각하게 생각하지 않는다.

하지만 결혼이란 본래 부부가 함께 늙어 갈 것이라는 의미다. 세상에 죽지 않는 사람은 없다. 누구든 죽음을 피할 수는 없다. 당신이 진심으로 배우자에게 자신을 내 주기로 약속한다면, 어느 한 쪽이 장애자가 되거나 중병에 걸렸다고 해서 그 결혼이 끝나서는 안 되는 것이다. 한편으로는, 직접 그런 상황에 닥쳐 보지 않고는 자신이 어떻게 반응하게 될지 예상하기도 힘든 일이다.

생명을 위협하는 질병만큼 결혼생활을 시험하는 큰 사건도 없다. 그것은 감정의 혼란과 경제적인 어려움을 가정으로 끌고 들어온다. 심각한 질병이 생겼을 때 그 호된 비바람을 맞으면서 더욱 가까워지는 부부들도 있고, 반대로 극단으로 치닫는 부부들도 있다.

결혼을 다짐할 때에는, 죽을 때까지 그 사람을 사랑하고 존중하고 아낄 것인지 서로에게 물어보아야 한다. 평생을 살아가면서 어려움 한번 겪지 않는 결혼생활은 없다. 배우자가 중병에 걸리면 슬픔과 좌절과 심지어 분노까지 느끼는 것이 자연스러운 일이다. 하지만 그것으로 인해서 그 사람에 대한 사랑이 식어야 하는 것은 아니다. 두 사람이 살아 있는 한 계속해서 서로를 '사랑하고 존중하고 아껴 주어야' 한다.

부부의 어느 한쪽이 건강상의 문제를 겪게 될 경우, 일단 자신에게 너그러워지자. 당신은 인간일 뿐이다. 당신의 힘으로 할 수 없는 일들도 세상에는 많이 있다. 중요한 것은 당신의 사랑을 상대방에게 알리는 것, 말과 행동으로 지속적인 사랑을 보여 주는 것이다.

배우자에게 다른 연인이 생길 경우에는?

결혼하기 전부터 이런 질문을 한다는 것이 너무 앞서가는 것 같기는 하다. 하지만 생각해 보지도 않고 건너뛸 만한 질문 또한 아니다.

배우자가 당신의 사생활을 의심해서 사립 탐정을 고용한다면 당신은 어떤 반응을 보이게 될까? 배우자의 불륜을 알아차렸을 때 당신은 당장 이혼을 결정하게 될까? 물론 당신이 실제 상황에서 어떤 반응을 보이게 될지는 알 수 없는 일이며, 그런 문제가 생기지 않는 편이 가장 바람직하다.

설문조사에 의하면, 결혼한 부부의 반 정도가 결혼생활의 어느 시점에서 다른 연인을 사귀게 된다고 한다. 그리고 심리학 교수이자 결혼 전문 상담가인 존 고트만에 의하면 "이혼하는 부부 중에서 불륜으로 이혼하는 커플은 20%에 불과하다"고 한다. 결혼한 부부의 반 정도가 다른 연인을 사귀는데 그중 20%만이 이혼을 한다면, 그 외의 부부들에게는 용서의 과정이 개입되리라는 것을 예상할 수 있다. 또한 고트만은 "대부분의 결혼생활은 사소한 다툼으로 인해 끝이 난다. 서로에게 등을 돌리면서 천천히 멀어진다"라고 말한다.

사실 배우자가 바람피우는 것을 알게 되었을 때 그것은 배우자의 부정을 깨닫는 잔인한 순간이 될 수 있으며, 반면에 두 사람을 위하여 가치 있는 깨달음을 얻는 계기가 될 수도 있다.

그런 일이 생긴 후에 어떻게 신뢰를 다시 쌓을 수 있을까? 그 마음의 상처, 배신감과 분노를 어떻게 처리해야 할까? 사랑하고 용서하는 태도로 예전처럼 좋은 관계가 되기 위해서 노력할 수 있을까? 결혼 생활을 돌이켜 보며 반성의 시간을 갖게 될까? 아니면 그냥 돌아서서 이혼 서류에 도장을 찍게 될까? 아이들이 있을 경우에는 그 결정이 달라질까? 배우자감이 이 질문에 어떤 대답을 하느냐에 따라서, 결혼을 다시 생각해 봐야 할 수도 있다.

결혼생활이 다소 불행해진다고 해도, 밖에 있는 다른 사람에게서 사랑과 이해를 구하지 마라. 그 대신 지금 무엇이 잘못되어 있는지를 생각하라. 둘 다 만족할 수 있으려면 어떤 노력과 수정이 필요할지를 생각하라.

돈과 경제력에
대한 질문들

돈 쓰는 방법만큼 버는 방법도 많다면

얼마나 좋을까.

_무명씨

안타까운 일이지만 현실에서 사랑만으로 살 수 없다는 점은 인정할 수밖에 없다. 그렇지 않기를 바라는 희망에도 불구하고, 이 사회에서 돈의 비중이 대단히 크기 때문이다. 많은 부부들이, 어쩌면 대다수일 수도 있는 부부들이 경제적인 문제 때문에 싸움을 벌인다. 돈 문제로 다투다가 다른 문제로 퍼져 결국 파국을 맞기도 한다.

나이가 몇이든 상관없이, 돈과 경제력에는 지금 당장부터 관심을 기울일 필요가 있다. 그중에서도 특히 젊은이들은 돈을 다뤄 본 경험이 별로 없거나 아예 없을 가능성이 크다. 갓 고등학교를 졸업하고 월급이 적은 첫 직장을 잡게 되거나, 다른 사람의 돈을 써가며(대개는 어머니와 아버지가 힘들게 번 돈) 갓 대학을 졸업했을 수도 있다. 이렇듯 경제적인 경험이 부족한 (부모님이 집과 음식과 용돈까지 대주었던) 두 사람이 결혼을 통하여 하나로 묶이는 경우가 많다.

돈 문제는 여러 방면으로 부부 관계에 영향을 미치게 된다. 쉴 새 없이 날아드는 청구서를 결재하면서 가정 경제에 적자가 나지 않도록 노력하느라 반갑지 않은 스트레스를 감당해야 할 경우도 있다. 어느 한 쪽이 그 비용을 감당하기 위해 부업 전선으로 뛰어든다면 서로 함께 보낼 수 있는 시간까지 줄어든다.

이번에는 결혼생활에 막대한 영향력을 행사하는 돈 문제에 대해서 생각해 보자. 돈에 대한 각자의 태도와 결혼 후에 경제적인 부분을 어떻게 다룰 것인지, 목표로 삼는 경제적인 미래는 어떤 것인지를 서로에게 질문해 가며 분명히 해 보기 바란다.

누가 더 많이 벌게 될까?

맞벌이 부부가 상당히 늘어난 요즘, 어느 한 쪽이 더 많이 벌 수도 있고 둘이 비슷한 수준으로 벌 수도 있다. 하지만 아이가 생기게 되면 맞벌이가 힘들어지게 된다. 간혹 아내가 남편보다 월급이 훨씬 많거나, 남편이 사정상 직장을 그만두었을 때 등의 이유로 남편이 집에서 아이들과 집안 살림을 맡고 아내가 일하러 나가는 경우도 있다. 당신이 결혼을 계획 중이라면, 한 번쯤 짚고 넘어가야 한다. 결혼할 때 둘 다 직장을 갖고 있다 해도 한 쪽이 직업에 불만이 생기거나 아이 때문에 직장을 그만두어야 한다면, 직업을 갖고 있는 쪽이 경제적인 공백을 메워 줄 수 있을까?

만약 그렇다면 둘 다 만족할 수 있을까, 아니면 한 쪽이 불만을 갖게 될까? 이것은 분명히 생각해 봐야 할 문제이다.

가정 경제를 가장 많이 책임져야 할 사람에게 당신이 지닌 생각을 알리자.

소비 습관은 어떠한가?

    소비 습관이 너무 많이 다르면 같이 살기가 정말 힘들다. 당신이 이미 배우자의 소비 습관을 알아차렸을 수도 있다. 흥청망청 쓰는 타입인지 아니면 인색한 구두쇠 타입인지. 하지만 한 지붕 밑에서 살게 된 후에 생길 수 있는 문제들을 생각해 본 적이 있는가? 이런 문제를 어떻게 해결할지 의논해 본 적이 있는가?

    몇 번 만나다 보면 배우자의 소비 습관에 대해서 어느 정도 알 수 있다. 배우자가 몸치장에 지나치리 만치 집착한다거나, 구두 수집에 중독 증세를 보인다거나 등등의 습관을 알고 있었으면서 지금까지 신경 쓰지 않았을지도 모른다. 반면에 당신은 1년에 옷 한 벌, 구두 한 켤레만 장만하면 만족하는 타입일 수 있다. 그럼 결혼해서 서로의 습관을 맞춰 갈 수 있을까? 당신이 마련한 집은 작은 전셋집인데 상대방이 제 2의 이멜다처럼 엄청난 양의 핸드백들을 쌓아 두려 한다면 어떤 기분이 들까?

연애하던 시절에는 일주일에 한 번씩 꽃다발을 갖다 바치고 갖가지 선물을 안겨 주었다 해도, 과연 결혼한 후에 그런 행동을 계속할 수 있을까? 아내가 계속 공주 대접을 받고 싶어 할 때 당신이 계속 그녀의 기분을 맞춰 줄 수 있을까? 데이트할 때 고급스러운 레스토랑에 자주 드나들던 습관을 결혼 후에도 지속할 수 있을까? 상대방이 가정의 경제적인 미래를 위해서 그런 것들을 기꺼이 포기할 수 있을까?

데이트를 할 때 연인으로서 했던 행동들을 결혼생활에까지 연장시킬 수는 없을 것이다. 생활비와 가족 부양비 등의 새로운 책임감들이 생길 테니까.

돈이나 그 돈으로 살 수 있는 물건들 때문에 두 사람 사이에 분쟁이 일어나지 않도록 주의하자.

아직 갚지 못한 빚이 있는가?

결혼식을 올린 지 얼마 되지 않아 배우자가 친척에게, 친구에게, 은행에서, 심지어 고리대금업자들에게 어마어마한 돈을 빌린 사실을 알게 된다면 어떨까? 상상하는 것만으로도 기가 막힐 일이다.

결혼까지 염두에 두고 있는 사람이라면, 서로에게 정직해야 하는 게 필수적이다. 서로 믿을 수 있어야 건강한 결혼생활이 유지될 수 있다. 결혼 전에 돈 문제를 가지고 서로가 솔직하게 대화하라. 빚을 진 상태라면 왜 그런 빚을 지게 되었는지, 그 문제를 어떻게 해결할 것인지 이야기를 들을 필요가 있다. 지금부터 혹은 결혼한 후부터 실행에 옮길 계획이 필요할 수도 있다. 그 빚을 어떻게 갚아 나갈 것이며, 어떤 예산에 맞춰서 생활할 것인지 함께 계획해야 할 것이다. 감당할 수 있는 수준보다 더 사치스러운 생활이 계속된다면 빚의 규모만 점점 더 커질 뿐이다.

몇 십억 대의 재력가들조차 돈 문제에서 헤어 나올 수는 없다. 지금 소유하고 있는 돈, 남에게 빚지고 있는 돈, 그리고 앞으로 더 벌고 싶은 돈, 할 것 없이 거의 모든 사람들이 돈 문제에 둘러싸여 있다. 서로 어떤 돈 문제에 휩싸여 살아왔는지 알아보라. 그리고 가정의 경제 계획을 세울 때 경험 없는 두 사람이 머리를 맞대는 것보다는 집안의 어른이나 믿을 만한 친구에게 조언을 구해 보는 것도 좋은 방법이다.

빚이 많은 상태에서 결혼을 하면 걱정거리와 스트레스가 생기기 마련이다. 소비 습관을 조절할 수 있는지, 적절하게 빚을 갚을 수 있는지 이런 점들을 확실히 해야 평화로운 미래를 즐길 수 있다.

신용카드는 어떻게 써야 할까?

'신용카드 결제'라는 말을 생각할 때 어떤 그림이 떠오르는가? 결제일 이전에 그 금액을 은행에 척 넣어 두는 모습인가, 아니면 다른 카드에서 현금서비스를 받아 간신히 막는 모습인가? 신용카드를 합리적으로 사용한다는 것은 어떤 것일까? 신용카드에 대한 두 사람의 태도는 어떠한가? 카드사들이 매일 고객들에게 벌어들이는 이자로 인해 부자가 된다는 것, 따라서 당신이 가난해진다는 것을 알고 있는가?

신용카드가 여러 상황에서(예를 들어 여행 갔을 때) 편리하게 사용할 수 있다는 점은 반론의 여지가 없다. 카드를 사용하면 어떤 용도로 어디에 돈을 썼는지 확인할 수 있고, 굳이 현금을 들고 다닐 필요도 없다. 반면에 신용카드는 나중에 어떻게 갚아 나가든 상관없이 지금 당장 사고 싶은 것을 살 수 있다는 소비심리를 부추기기도 한다.

나는 몇 년 전 신용카드를 잘못 사용했다가 패가망신한 어느 부부를 본 적이 있다. 그들은 결혼한 직후에 미국으로 이민을 온 신혼부부였는데, 미국에 도착하자마자 신용카드를 만들었다. 그리고는 그 카드로 집안 구석구석을 채우기 시작했다. 전자제품, 가구들을 열심히 사다 날랐다. 하지만 몇 달이 지나도 카드 값을 갚지 못하자, 상인들이 들이닥쳐 그들이 구입한 물건들을 모조리 가져가 버렸다.

다소 극단적인 예인 것 같지만 이런 일이 결코 드문 것도 아니다. 이 사례는 계획성 없는 신용카드 사용이 얼마나 치명적일 수 있는지를 보여 주고 있다.

가능하다면 카드 사용을 절제를 하고, 이미 사용한 뒤라면 그 금액을 꼬박꼬박 지불하라. 신용카드 빚에 빠지게 되면 결혼생활에도 문제가 발생하기 마련이다. 돈 문제가 고삐 풀린 망아지처럼 되어 가는 낌새가 느껴진다면, 당장 경제적으로 자문해 주는 기관에 찾아가라.

통장을 따로 만들까? 하나로 만들까?

결혼이란 모든 것을 함께 나누는 것이다. 집과 음식, 자동차, 가정에 대한 의무, 이 모든 것을 함께 나눠야 한다. 자녀가 있을 때에는 양육의 책임도 함께 나눠야 한다. 그럼 통장은 어떻게 해야 할까?

대개의 부부들, 특히 중 · 장년층의 부부들은 여러 가지 이유로 이 분야에 제한 선을 지닌다. 한 사람은 월별로 통장에 들어가는 돈을 확인만 하는 반면, 다른 사람은 꼼꼼하게 하루하루 가계부를 적어 가는 타입일 수 있다. 이런 사람들은 소비와 저축 습관에서도 매우 의견을 달리한다.

전에 결혼한 적이 있고 아직 부양해야 할 자녀가 있는 경우에는 각자 통장을 관리하는 것이 합리적이다. 각자 좀 더 자유롭게 돈을 쓸 수 있으므로, 무엇인가를 살 때마다 상대방에게 허락을 얻을 필요가 없다는 장점도 있다.

두 사람 사이를 돈이 훼방 놓지 않도록 하라. 미리 어떤 식으로 가정의 경제를 꾸려 나갈지에 대해서 의논해 보아야 한다. 선택의 범위가 두 개의 통장, 아니면 하나의 통장으로 한정되어 있는 것은 아니다. 일반적인 생활비는 공동의 통장에서 지불하고 가외 소비는 각자의 통장에서 빼 쓰는 방법도 고려해 볼 수도 있다. 두 사람이 각자가 처한 상황에 맞게 얼마든지 창조적인 방법을 찾아볼 수 있다.

매일 저녁마다 그날 남은 동전을 저금통에 넣어 보는 건 어떨까? 한 푼 두 푼 모은 그 돈을 매일의 일상에서 벗어날 수 있는 낭만적인 주말용으로 삼아도 좋을 것이다.

이런 종류의 함께함은 당신의 미래와도 관련이 있다. 부부로서 함께 돈을 저축하고 소비하는 행동은, 경제적인 면만이 아니라 부부 관계에도 신뢰감을 고양시켜 줄 수 있으면 유대감을 더 돈독히 다져 줄 수 있다.

가계부 기록과 청구서 지불은 누가?

결혼을 하게 되면 가계 살림은 대부분 여자 쪽이 책임진다. 하지만 이러한 것도 결혼 전에 누가 책임질 것인지를 미리 정해 놓는다면 서로에게 좋을 것이다. 따라서 이 부분을 책임질 사람은 지출 내역에 관심이 많고, 꼼꼼한 사람이 적당하다.

바람직한 경제 계획을 세운다는 것은 매일의 소비에 대한 것뿐만이 아니다. 미래의 경제적인 부분(노후자금)에 대해서도 계획성 있는 준비가 필요한 것이다. 예를 든다면, 갑자기 병이 나거나 사고가 날 경우를 대비하여 예비비를 마련해 두거나, 만약을 대비해 보험에 가입해 놓는 등의 준비를 말한다. 그렇기 때문에 미리 그런 경제적인 관심사들을 이야기하고 누가 어떻게 가계 경제를 꾸려 갈 것인지를 의논해 놓는 것이 좋다.

결혼생활에서 경제적으로 안정된다는 것은 얼마나 많은 돈을 갖고 있느냐가 아니라 그 돈을 어떻게 쓰고 있느냐이다.

결혼 후에 중요한 자산을 어떻게 처리할까?

당신이 아직 젊은 나이로 결혼을 고려하는 중이라면, 그리 큰 재산을 모아 두지 못했을 가능성이 크다. 하지만 만약에 부동산과 가치 있는 동산을 상당량 갖고 있다면, 그것들을 어떻게 할 계획인가?

배우자와 함께 살 새 집을 구하기 위해 지금 갖고 있는 아파트를 팔 생각인가? 아니면 전세나 월세를 줄 여유가 있을까? 어느 한 쪽이 친척으로부터 재산을 물려받을 예정이라면 어떨까? '내 것이 당신 것'이라는 게 정말일까? 진심으로 이렇게 여길 수 있을까? 둘 다 고급 자동차를 지니고 있거나 주식 시장에 투자를 했을 수도 있다. 그럴 경우 그 자산을 어떻게 할까? 결혼하기 전에 어떤 자산을 공동 재산으로 만들 것인지 결정해야 한다. 공동 재산과 개별적인 자산에 대해서 목록을 만들어 두어야 한다.

자산에 대한 (상대방의 것이든 자신의 것이든) 배우자의 견해와 당신의 견해가 일치하지 않을 경우, 서로에게 불만이 생길 수 있다. 그 자산을 공유할 것인지 별도로 놔둘 것인지, 그리고 공유할 작정이라면 어떤 방법으로 할 것인지 상의하는 시간이 필요하다.

오해의 여지를 줄이기 위해 미리 결혼 계약서를 작성해 두는 방법도 생각해 볼 수 있다. 이러한 방법이 너무 냉정하고 계산적이라고 싫어할 수도 있겠으나, 달리 생각해 보면 공정하고 서로가 마음 편할 수 있다. 만약 이 양식을 작성할 마음이 생겼다면 각자의 권리와 의무를 조언해 줄 수 있는 변호사를 통해야 한다. 그러한 계획을 글로 남겨 놓으면 결혼해서 괜한 의견 차이로 다툴 일도 줄어들고 불행해질 이유도 적어질 것이다.

사랑에 돈이 개입되어서는 안 된다고 생각하는 사람도 있겠지만, 미리 계획을 세워 두어야 더 잘 살 수 있다.

노년에는 어떻게 살까?

경제 전문가들은 은퇴 계획을 빨리 세울수록 좋다고 조언한다. 하지만 결혼할 시점에는 그것이 중요한 관심사가 되지 않을 수도 있다. 특히 아직 교육을 받고 있는 중이거나 첫 직장을 찾고 있는 중이라면 더욱 그렇다. 하지만 조만간 경제 계획을 생각해야 할 중요성이 대두될 것이다.

전문가들의 충고에 의하면, 결혼 초기에 수입의 약 10%를 따로 떼어서 은퇴 자금으로 만들어 두어야 한다고 한다. 사회 보장제도만 믿고 있을 수 없는 것이 현실이기 때문에 자신이 스스로 은퇴 계획을 세워야 할 필요성이 절실하다. 그리고 많은 부부가 그렇게 행동하고 있다.

앞으로의 경제 문제를 상의하고 실행 가능한 계획을 세우려면 서로를 충분히 알아야 한다. 몇 살쯤 직장을 그만두고 여생을 즐기고자 하는지, 어느 정도의 생활수준을 유지하고 싶은지 등에 대해서 서로의 의견을 들어 볼 필요가 있다. 만약 일찌감치 은퇴하고자 하는 꿈이 있다면 상당한 재력가가 아닌 한 최대한 빨리 투자나 저축을 시작해야 할 것이다.

이런 계획을 세울 때 말년에 어떤 걸 즐기면서 살까, 어디서 살까 등등 구체적인 꿈을 연상하면 계획을 실천하는 것도 더 즐거워진다. 몰디브에 있는 별장에서 편히 쉬고 싶은가? 세계 여행을 하고 싶은가?

각자의 소망은 다양할 수 있지만, 어떻든 간에 지금 당장 돈이라는 녀석을 정기적으로 비축해 둘 필요가 있다!

부부가 같은 소망을 갖고 있으면 목표를 결정할 때 아무래도 훨씬 쉬워질 것이다. 목표에 도달하는 과정 또한 행복하고 성공적인 결혼 생활의 일부다.

심각한 경제적인 어려움이 생긴다면?

　결혼생활에서 가장 큰 문제를 일으키는 것 두 가지를 꼽으라면, 성적인 부분과 경제적인 부분일 것이다. 경제 계획이 없을 때에는 부부 관계에 돈이 무시무시할 영향력을 끼칠 수도 있다. 설사 계획을 세웠다고 해도, 심각한 경제적인 어려움이 결혼생활을 혼란으로 몰아넣는 경우가 있다. 경제적으로 문제가 생기면 결혼생활의 긴장감이 커지고 그 문제에 집착하다가 서로를 비난하고 탓하게 되기도 한다. 하지만 똑똑한 부부라면 함께 힘을 모아 그 곤경을 풀어 나가야 할 것이다. 힘든 상황일지라도 유머감각을 유지하려고 노력해야 한다.

　전에 경제적인 문제가 닥쳤을 때 당신은 어떻게 행동했는가? 도움 될 만한 곳을 찾아다니며 상황을 호전시키는데 정신을 집중했는가, 아니면 감정적으로 공황상태에 빠져 버렸는가? 경제적으로 힘들어지면 부부 관계에 다른 문제들까지 연달아 끌어들이는 경우가 많다. 돈에 대한 당신의 태도가 가족을 더 결속시킬 수도 있고 더 와해시킬 수도 있다.

　돈에 너무 많은 가치를 부여하는 태도는 문제의 소지가 다분하다. 돈 문제는 상황을 풀어 주기보다 더 복잡하게 만들어 버리는 경우가 흔하다. 돈으로 다른 사람을 조종하려 들 때에는 더욱 그렇다. 결혼하기 전에 돈에 대한 태도를 이야기하자. 돈보다 사람을 더 중요시 여기는지, 급하게 돈이 필요할 때 어떤 해결책을 찾아볼 것인지에 대해서도 상의해 보라.

　그 대답에서 문제의 소지가 발견된다면, 결혼식장에 들어서기 전에 확실히 해결해야 한다. 그 후에는 너무 늦을지도 모른다.

중대한 경제적인 문제가 발생했더라도, 인내와 서로에 대한 관심으로 사랑을 잃지 않는다면 좋은 관계를 유지할 수 있다.

태어날 아이에 대한
질문들

인생에 있어서 다음 세대를 키우는 것보다
더 큰 책임과 더 큰 특권은 없다.

_ C. 에베렛 쿠프

결혼하는 부부들이 대다수는 아이를 갖고 싶어한다. 하지만 한 쪽이 출산시기를 미루거나, 아예 아이를 낳고 싶어하지 않는 부분도 있다. 나중에 오해가 없도록 결혼 전에 이 문제를 상의해 보는 것은 중요하다. 그 문제를 상의하지 않고 결혼했다가 어느 한 쪽이 아이를 낳지 않겠다고 고집하고 다른 한 쪽은 아이를 간절히 원하는 상황이 된다면 얼마나 비참할 것인가. 이런 차이점은 결혼 생활을 위험으로 몰아넣을 수 있으며 시간이 흐른다고 해서 쉽게 해결될 문제도 아니다.

결혼한 사람이 아이가 있는 가정을 만들고자 하는 마음은 매우 자연스러운 욕구이다. 하지만 한가지 분명히 알아야 한다. 아이를 낳게 되면 두 사람의 관계가 극적으로 변화될 것이다. 자녀를 키우는 데 많은 에너지가 들어가야 한다. 아이를 키운다는 것은 쉬운 일이 아니다. 당신이 되풀이하고 싶지 않은 어린 시절의 기억들을 지니고 있다면 더욱 그럴 것이다. 반면에 가정을 가꾸는 것은 인생에서 가장 기쁘고 감사한 일일 수도 있다.

　아이를 미래의 일부로 여긴다면 그들에게 무엇을 제공해 주어야 할지 자신에게 물어 보라. 그 대답이 사랑과 행복과 밝은 미래라면 당신은 지금 올바른 길을 걷고 있는 것이다.

왜 아이를 낳고 싶은가?

어떤 가정에서나 아이를 낳기로 한 결정 자체만으로도 커다란 변화의 계기가 된다. 그리고 대개의 부부들이 첫 아이를 낳는 시점을 나름대로 생각해 본다. 두 사람의 사랑이 자연스럽게 확장된 결과의 산물인 이 아이들을 믿기 어려운 일이지만, 어떤 부부는 결혼생활에 생긴 문제의 치유책 정도로 생각하기도 한다. 하지만 아이가 생긴다고 해서 문제가 해결되는 경우는 드물다. 게다가 그런 의도가 아이에게 얼마나 불공평한 짓인지 생각해 보라. 두 사람의 관계가 건강하지 않다면 아이를 낳자고 동의하지 말아야 한다.

결혼 전에 아이 얘기를 했을 때 어느 한 쪽이나 두 사람 모두 아이를 원치 않는다고 말했을 수도 있다. 그러다가 마음이 변하여 한두 가지 이유로 결국 아이를 낳게 되기도 한다. 결혼생활에 변화를 가져 보고 싶어서, 혹은 후손을 남겨야겠다는 생각으로, 혹은 가문의 사업을 물려받을 아이가 있어야 하기 때문에 등 결정하는 동기는 여러 가지가 있을 것이다.

대부분의 부모는 아이 낳는 일을 결혼생활의 가장 중요한 부분으로 여긴다. 그들에게 아이들은 자신의 분신이나 마찬가지이기 때문이다. 자신의 닮은꼴을 낳아서, 키우고, 가르치고, 책임 있는 사회의 구성원으로 만들어 나간다.

아이를 원하는 이유가 무엇이든, 정신을 바짝 차리고 임해야 한다. 당신의 자녀가 한 인간으로서 가치 있는 사람으로 성장할 수 있게 지원하고 기회를 제공해 주어야 할 사람은 다른 누구도 아닌 바로 당신이기 때문이다.

결혼할 당시에 부모 역할을 미리 알고 결혼하는 부부는 별로 없다. 경험하면서 배워 가는 경우가 더 많다. 결혼할 때 서로에게 미리 우리의 자녀에게 사랑과 보호와 안전을 줄 수 있도록 최선을 다하자고 약속하자.

아이는 언제 낳을까, 몇 명 낳을까?

아이를 낳기로 동의한 경우, 첫째 아이를 언제쯤 가질 것인지 몇 명의 자녀를 둘 것인지 상의해야 할 것이다. 한동안 둘만의 시간을 가졌다가 결혼생활이 어느 정도 안정되었다고 생각될 때 아이를 낳는 것도 현명한 일일 수 있다. 자녀를 키우려면 18년이나 20년간의 지속적인 의무와 책임이 필요하다. 가끔은 그 이상의 세월이 걸릴 수도 있다. 자녀의 수와 나이 터울에 따라서 그 시기가 달라진다. 일단 아이가 생기면 당신의 시간과 에너지를 상당량 그들에게 이동시켜야 한다. 건강을 챙겨 주고, 학교 활동을 관리해 주고, 옳고 그름을 가르쳐 주고, 때로는 엄격한 훈육도 아끼지 말아야 할 것이다.

몇 명의 자녀를 낳고 싶은지 서로의 의견을 맞춰 보라. 다른 형제 없이 혼자 자란 사람이, 다섯 명이나 여섯 명의 어린아이들이 꼼지락거리는 집에서 사는 장면을 상상할 수 있을까? 아이를 많이 낳고 싶어 하는 부부의 경우, 그 꿈이 그저 꿈으로 끝나 버리는 경우도 허다하다. 두세 명의 자녀를 낳고 나면 그들에게 얼마나 많은 노력과 정성이 들어가야 하는지를 깨닫게 되고, 그래서 더 이상 엄두를 내지 못하는 것이다.(또한 자녀를 낳기 전에 둘이서 오붓하게 영화를 보러 가거나 근사하게 저녁 식사하는 낭만을 좀 더 즐기고 싶을 수도 있다)

자녀를 낳을 것인지, 자녀가 꼭 있어야 할 것인지 생각해 보자. 가정을 꾸리는 일에 당신과 상대방의 생각이 같은지 확인하자. 결혼 서약의 어디에도 아이를 낳아야 한다는 문구는 없지만 수백만 부부들이 당신에게 말해줄 것이다. 아이를 낳으면 결혼생활에 훨씬 많은 기쁨이 생길 것이라고.

결혼이 불안한 당신에게

자녀 교육 방식은 어떻게?

자녀 교육 방식에 대한 태도도 결혼 전에 미리 상의해야 한다. 자신의 어린 시절을 돌이켜 보라. 어떤 벌을 받았던가? 그 벌을 받을 때 어떤 기분이었던가? 강제적인 규칙들이 있었는가?

부모님의 교육 방식이 당신의 자녀 교육 방식에도 영향을 미칠 것이다. 당신의 훈육 방식이 배우자감과 너무 많은 차이가 난다면, 좀더 시간을 가질 필요가 있다. 아이를 위해서 어떤 양육법이 가장 최선일지, 그리고 두 사람이 동의에 이를 수 있을지 알아보아야 한다. 아이에게 절대 회초리를 들지 말아야 한다고 생각하는 가정이 있는가 하면, 약간의 신체적인 처벌 정도는 용납할 수 있다거나 유익하다고까지 생각하는 가정도 있다.

어머니와 아버지의 훈육 방법에 일관성이 없으면 아이들이 혼란스러워한다. 미리 규칙을 정해 놓고 그 규칙대로 지켜 나가야 아이들도 규칙을 어겼을 경우에 어떤 결과가 따라올 것인지를 예상할 수 있다. 규칙을 알고 있었으면서도 지키지 않았다면 그건 전적으로 아이의 책임이 된다.

아이들에게는 지속적인 안내와 방향 제시가 필요하다. 그들이 잘못된 선택을 했을 때에는 부모로서 같이 감당해 주어야 할 것이다. 그 일이 때로는 짜증스럽고 심지어 분노까지 치밀어 오를 수도 있다. 하지만 감정적인 폭발이나 언어 폭력, 또는 신체적인 학대의 방법은 최대한 피해야 한다. 대부분의 경우, 사랑과 애정이 담긴 손길이 더 나은 결과를 이끌어 내기 때문이다.

아이들은 주변에서 보는 대로 따라 하고, 그대로를 보고 배운다. 그렇기 때문에 부모가 항상 아이들에게 좋은 예를 보여야 한다.

양육 책임을 어떻게 나눌까?

두 사람 중 누가 아이를 돌보고 양육하는 책임을 더 많이 지게 될까? 일반적으로 아이가 학교 들어갈 때까지 보살피는 쪽은 아내였고, 남편은 가정의 경제를 책임졌다. 물론 모든 가정이 이런 것은 아니다. 흔한 경우는 아니지만 만약 남편이 아이를 키우길 바란다면 그 문제를 서로가 상의해야 할 것이다.

하지만 아이의 양육에 있어서만큼은, 부모가 공동으로 참여해야 한다. 각자 아이와 함께 있을 시간을 마련하고, 아이가 어떤 욕구를 갖고 있는지 살펴보고, 숙제를 도와주는 등의 역할을 해 주어야 한다. 가족이라는 유대감은 아이들의 소망과 욕구가 곧 가족의 소망이고, 그들의 생각과 능력도 모두 존중한다는 것을 보여 주는 것에서 나온다.

아이가 태어나는 순간부터 가족애가 생기기 시작한다. 아이에게 사랑받고 있다는 것을 전하자. 그럼 그 아이는 평생토록 그 가정의 소중한 일원으로 남게 될 것이다.

자녀 양육에 헌신이 필요하다는 것을 아는가?

아이를 기르는 과정을 통해서 부부의 유대감과 관계가 돈독해져야 한다. 아이를 낳기 전에는 쉽게 이혼을 생각할 수도 있다. 어차피 영향을 받는 사람이 둘 뿐이니까. 하지만 아이가 생기면 얘기가 달라진다. 요즘 미국에서 이혼율이 50%를 넘어서고 있는데, 그들 중 대부분이 가정에 자녀가 있다. 편모나 편부 가정에서 생기는 문제 아동의 수치도 대단히 높다. 따라서 결혼을 앞둔 두 사람이 아이에 대한 책임감을 깨닫고 장기적인 관계로 이어 가기 위해 최선의 노력을 다하는 것이 중요하다.

아이들은 당신의 결혼생활에 풍요로움을 가져다 줄 수 있다. 끊임없이 싸우고 불행해 하는 가정으로 그들을 끌어들이지 말라. 두 사람이 자녀를 자신의 인생에 받아들이고 싶어 하는지를 확실히 해 둘 필요가 있다.

 자녀는 사랑의 결실이다. 그들에게 사랑을 나누자.

입양하는 건 어떨까?

아이를 입양하는 것도 삶에 있어서 매우 멋진 경험 중의 하나다. 사랑과 안정된 가정을 필요로 하는 아이들이 우리 주변에 너무나 많이 산재되어 있다. 내 나라의 아이, 다른 나라의 아이, 특별한 보살핌이 필요한 아이, 무관심 속에서 생활하고 있는 어린아이들…. 예전에는 최소한의 월급(매우 높은 수준으로 설정되었다), 주택의 소유 여부, 육체적인 건강상태, 남녀의 선호도, 심지어 결혼 여부까지 복잡한 요구 조건들이 충족되어야 했지만, 요새는 그런 제약들이 많이 사라져서 입양하기가 훨씬 쉬워졌다.

입양 절차가 시간적으로나 감정적으로 여력이 닿지 않는다면, 그런 도움을 제공하는 기관을 찾아볼 수 있다. 요즘에는 공기관 사기관 할 것 없이 그 과정을 도와주는 기관들이 많이 활성화되어 있는 편이니, 입양지정을 받은 기관 중에서 자격요건과 윤리의식을 갖춘 곳을 찾는 것이 중요하다. 당신이 이런 과정을 거치고자 한다면, 입양 관련법을 설명해줄 수 있는 변호사와 상담해 보아야 한다.

아이를 낳을 수 없기 때문이든 부모 없는 아이들에게 가정을 주고 싶은 소망에서든, 입양에 따르는 문제들을 알아보고 미리 준비를 갖추는 편이 낫다. 두 사람이 같은 꿈을 갖고 있는지 그 일을 감당할 만한 능력이 되는지 확인해 보라.

아이를 입양할 생각이라면 이미 아이를 입양해서 키우고 있는 다른 부모들과 이야기를 나눠 보자. 당신이 알지 못하는 내용들을 많이 알려 줄 것이다.

종교적인 문제에
대한 질문들

신은 모든 사람들에게 그 각각의 문을 열고 들어온다.

_랄프 왈도 에머슨

수천 년 동안 종교는 결혼을 결정하는데 있어 중요한 역할을 감당해 왔다. "우리는 서로 사랑해. 중요한 건 그것뿐이야"라는 말로 종교적인 차이를 무시하는 것은 매우 무모한 행동에 속한다. 결혼을 계획하는 그 순간부터 종교는 중요한 문제일 수 있다. 결혼 예식에서부터 아이를 키우는 방법까지 여러 방면에 종교가 개입될 수 있다. 특히 신앙이 다른 경우라면 크게 부딪힐지도 모른다. 종교적인 문제를 극복하려면, 약간의 예지력과 대화를 통한 사랑과 이해심의 노력이 필요하다.

결혼식과는 별도로, 종교와 영적인 문제들에 대해서도 미리 이야기해 보아야 한다. 어떤 예배당에 다닐 것인지, 어떤 종교적인 기준으로 아이를 기를 것인지, 종교적인 명절에 어떻게 축하할 것인지, 기타 도덕적이고 영적인 많은 문제들이 여기에 관련되어 있다.

종교를 지닌 가정에서 자라, 친구도 종교적인 친구, 사회 활
동과 자선 활동도 그 종교를 중심으로 살아왔던 사람이 있을
수 있다. 반면에 예배당이나 종교 단체에는 거의 가 본 적도 없
는 사람들이 있다.

결혼할 두 사람이 자신의 영적인 믿음과 활동을 자유롭게
계속할 수 있다는 점은 중요하다. 종교가 두 사람의 관계를 지
속적으로 엮어 줄 수 있을지, 문제를 일으킬 것인지를 알아보
아야 한다.

종교가 내 인생에 얼마나 중요한가?

종교가 삶의 중요한 부분을 차지하는 사람이 있다.

성서를 읽고 예배에 참석하고 찬송을 부르고 다양한 종교적인 활동에 참가하는 것이 중요한 사람과, 반면에 종교적인 활동에 전혀 관심이 없는 사람도 있다.

결혼 계획을 세울 때 이것에 대해 거론될 것이다. 두 사람이 결정해야 할 첫 번째는 종교적인 예식을 치를 것인지고, 두 번째는 그 종교 단체에 매년 얼마를 헌금할 것인지이다.

배우자의 종교에서는 허락하지 않는 행동이나 활동을 다른 쪽의 종교에서는 허용하는가도 봐야 한다.

각자가 생각하는 종교의 역할에 대해 얘기하면서 서로의 기대치를 충분히 이해할 수 있도록 하라.

종교적인 믿음과 영적인 이야기를 나누다 보면, 하나의 개인으로서 서로에 대한 통찰력이 생기게 될 것이다. 뜻밖에 두 사람이 더욱 가까워지는 것을 느낄 수도 있다.

배우자의 종교적인 성향이 나에게 중요한가?

이 질문은 특정한 종교적인 신념과 참석하는 예배당에 따라서 달라질 수 있다.

당신의 내적인 생활이 그곳에 연결되어 있을 것이고, 그곳에서 인생의 지침을 구하게 될 것이기 때문이다. 당신의 내면이 더 높은 신이나 초월적인 존재(하나님이나 부처. 또는 영장물)와 맺고 있는 극도로 개인적인 관계에 대한 질문이다.

당신이 매우 영적인 사람이라면(예를 들어 매일 기도하고 명상하는 사람) 영적인 문제에 전혀 관심이 없는 사람과 결혼했을 때 결혼생활이 순탄하지 못할 가능성이 매우 크다.

하지만 종교가 다르다 해도 서로의 차이를 인정할 수 있다면 보다 더 행복한 결혼생활을 꾸려 갈 수 있을 것이다.

보다 영적인 자아를 추구하는 사람들에게는 비슷한 성향의 사람과 결혼하는 것이 최선이다.

종교적인 차이가 결혼생활에 문제가 될까?

　당신과 배우자감이 서로 다른 믿음을 지녔다면, 그것이 조화로운 결혼생활에 걸림돌이 될까? 아니면 서로의 종교적인 활동과 영적인 믿음을 존중해 주고 그 믿음을 표현할 권리도 부여할 것인가?

　신에 대한 개념이 배우자와 다르다면, 그 믿음이 서로의 인생에 나타나는 방식을 잘 살펴보라. 의외로 당신이 예상했던 것보다 마음이 잘 맞을 수도 있다. 당신의 믿음이 무엇이든, 결혼생활을 하다가 신앙적인 문제에 봉착하게 될 때가 있을 것이다. "왜 나의 기도에 응답이 없을까?" "어떻게 신이 나에게 이럴 수 있을까?" 이런 질문들이 찾아들 때 당신과 파트너는 서로를 지원해 줄 수 있을까?

　이러한 주제에 덧붙여, 사랑하는 사람의 사후 세계에 대한 생각도 들어 보라. 가족이나 친한 친구의 죽음을 어떻게 받아들일 것인가? 심각한 병에 걸렸거나 부상당했을 때 혹은 죽음에 직면했을 때 당신 자신은 어떤 식으로 감당하고 싶은가? 그런 내용을 배우자에게 말하고 배우자의 생각도 물어 보라.

이런 일이 자주 결혼생활에서 대두되는 문제는 아닐지라도, 일찌감치 상의해 봐야 할 필요는 있다.

종교와 영적인 믿음에 대한 당신의 태도가 결혼을 결정하는 데 중요한 요소가 될 수도 있다. 당신이 종교적인 성향이든 아니든, 되도록이면 빨리 당신의 배우자와 솔직하게 이야기해 보자.

자녀의 종교적인 양육법에 대해서는 어떠한가?

아이가 생기면, 당신과 배우자가 그들에게 영적으로 어떤 방식을 선택할지에 대해 상호 이해가 있어야 한다. 신앙심이 독실한 부모는 그 아이를 하루빨리 자신들이 다니는 예배당으로 데려가고 싶을 것이고 종교적인 성향이 짙은 학교에 입학시키고자 할 것이다.

종교 단체의 활동에 따라 자녀의 활동 범위나 기회가 달라진다. 아이들이 자라면서 종교에 대한 자신의 입장을 형성해 나가면서 기존의 종교적인 경험에 만족할 수도 있고, 다른 종교로 개종하고 싶을 수도 있다. 당신은 그런 결정을 받아들일 마음의 준비가 되어 있는가? 그런 일들에 대해 어떻게 대처할 것인가?

어떤 믿음 안에서 당신의 자녀를 키울 것인가? 자녀를 예배에 참석시킬 것인가? 종교가 있는 학교에 보낼 것인가? 어떤 종교적인 축일을 축하할 것인가? 결혼 전에 자녀에 대한 당신의 태도와 종교적인 양육 방식에 대해서 이야기해 보라. 스스로 어떤 식으로 종교에 입문하게 되었는지 그것이 당신에게 어떤 영향을 미쳤는지 스스로 돌아볼 기회가 마련될 것이다.

자녀에게 종교적인 문제에 대한 당신의 경험과 충고를 들려 주자. 그리고 마지막 결정은 언제나 본인 자신의 몫이라는 것을 잊지 마라.

가족과 친구에
대한 질문들

갈등 없는 결혼은 혼란 없는 국가와 마찬가지로
상상할 수 없는 일이다.

_ 앙드레 모루아

결혼하기에 앞서, 배우자의 가족 또는 친구들과 어떻게 지낼지를 생각해 보아야 한다. 사랑하는 사람들은 대개 상대방의 가족과 오랜 친구들을 받아들이고 사이좋게 지내고 싶어한다. 하지만 말하기는 쉬워도 행동하기는 어려울 때가 종종 있다. 결혼생활에는 친척들과 친구들이 밀접하게 관련되어 있다. 그중에서 다른 사람보다 더 간섭이 심한 사람도 있고, 다른 사람보다 더 각별한 사람들도 있을 것이다.

일단 결혼을 하게 되면, 당신은 배우자의 친척들과 친구들에 대한 개인적인 감정이 어떻든지 간에 그 사람들까지 함께 얻게 되는 셈이다. 인내심이 필요한 경우도 종종 생길 것이다. 하지만 반면에 당신도 앞으로 가족이 될 사람들에 대해서 좀더 친밀하게 알고 싶고, 그들이 무엇을 좋아하는지, 당신에게 무엇을 기대하는지, 이 결혼에 대한 바람이 무엇인지 알고 싶을 것이다. 솔직하고 정직한 대화가 열쇠이다. 한 가족이 될 사람들과 제대로 시작하고 싶다면 말이다!

배우자와 가족과 친구들은 당신의 결혼생활에 일정 부분을 차지하게 된다. 당신이 좋아하지 않더라도 어쩔 수 없다. 결혼을 선언한 순간, 그들은 그 결혼에 나름대로의 기대를 갖게 될 것이고 충고를 전하고자 할 것이다. 그 말을 귀 기울여 듣는 것이 당신에게 유익할 수 있다. 그들의 질문과 충고가 소중한 지혜가 될 수도 있기 때문이다. 하지만 가족과 친구들에게 약간 분리될 수 있는 경계선도 필요하다. 이런 분야의 질문을 서로 해 보면 이 문제를 결정하는데 도움이 될 것이다.

배우자의 가족과 친구들과 과연 잘 지낼 수 있을까?

결혼 이야기를 하기 시작할 때, 당신은 서로의 가족과 친구들이 전폭적으로 그 결혼을 축하해 주기 바랄 것이다. 전폭적인 지원이란 결혼식 당일뿐만 아니라, 결혼생활이 지속되는 그동안(삶이 끝날 때까지)에도 지속된다는 의미이다.

당신이 사랑하게 된 사람에게 가족과 친구들이 따라오는 것에 어느 정도 적응할 필요가 있다. 처음에는 현미경 밑에 놓여 있거나 해부 실험용 대상이 된 듯 불편한 기분이 들 수도 있다. 이것은 정말이지 쉽지 않은 과정이다. 하지만 깊이 심호흡을 한번 하고 마음을 열자. 결국에는 모두가 서로에게 편안해질 거라는 믿음을 갖자. 그렇게 잘 지속된다면, 영원한 친구가 될 수도 있는 일이다.

하지만 시간이 지나도 시어머니 될 분이나 약혼자의 친구 몇몇에 대한 불편함이 계속된다면, 억지로 그들을 좋아하고 받아들이는 척할 필요는 없다. 그냥 참아 보라. 흔히 사랑이 모든 것을 극복한다고 하지 않는가. 참는 것만으로도 좋은 출발점일 수 있다.

　당신의 배우자감에게 그 근심을 표시하라. 당신이 생각지 못했던 해답을 상대방이 갖고 있을 수도 있다. 당신의 근심들을 덜어 줄 대안이 생길지도 모른다.

완벽한 인생을 살아간다는 것은 불가능하다. 배우자의 가족이나 친구들 중에 문제를 일으킬 만한 사람이 있다고 해서, 괜히 불안해하며 시간을 낭비하지 마라. 그 상황에 대해 노력해 보고 받아들인 다음, 더 긍정적인 일들을 생각하자.

배우자의 가족에게 문제가 생겼을 때에는?

결혼하는 두 사람이야 두 사람이 모든 것이길 바라고 싶겠지만, 가족환경은 당신이 쉽사리 빠져나올 수 없는 상황들을 일으키게 된다. 가까운 가족 중 한 명에게 경제적인 어려움이 닥치거나, 부모님이 심각한 병에 걸리거나, 갑작스러운 죽음이 닥칠 수도 있다. 이렇게 예상치 못한 사건들은 당신의 결혼생활에도 영향을 미치기 마련이다.

예를 들어, 중병에 걸린 부모님이 멀리 떨어져 사신다면, 당신의 배우자가 그 분을 보살피기 위해 당신과 한동안 떨어져야 할 상황이 될 수도 있다. 상대방이 아예 그쪽으로 이사를 가고 싶어 할 수도 있다. 그런 경우에 당신은 받아들일 준비가 되어 있는가?

내가 아는 남자 중에서 결혼한 직후에 어머니를 집으로 모셔 오자고 고집한 사람이 있었다. 아버님이 교통사고로 돌아가셔서 슬픔에 잠겨있었기 때문이었다. 하지만 이유야 어찌 되었

건 간에 이 일은 부부의 결혼생활에 상당한 스트레스를 가져왔다. 그런 곤란한 상황이 닥쳤을 때 당신은 어떻게 할 것인지를 이야기해 보라.

거의 모든 사람이 살아가면서 가족 중의 누군가를 부양하거나 어느 정도 책임져야 하는 상황에 부딪히게 된다. 그런데 그런 상황에 대해서 서로의 감정을 나눌 만한 준비가 되어 있지 못하면, 그 일로 인하여 두 사람의 관계가 불편해지거나 필요 이상으로 상황이 어려워지기도 한다.

가족에게 비상사태가 생겼을 경우 함께 머리를 맞대고 최대한 분명하게 상황을 생각해야 한다. 서로의 걱정에 귀를 기울이고 서로를 배려해 주자.

둘 다 친한 친구들이 있는가?

두 사람이 서로에게 흠뻑 빠져 있는 동안, 자신의 친구들과는 거리를 두게 되는 경우가 종종 있다. 두 사람의 관계가 아직 초기 단계일 때에나, 아니면 큐피드의 화살이 꽂혔을 때는 특히 그렇다. 하지만 때가 되면, 각자의 친구들에게 사귀는 사람을 소개시켜 주고 싶을 것이다. 그러면서 자기의 친구들이 당신의 배우자감을 좋게 봐 주길 바랄 것이다.

배우자의 친구들은 당신이 알지 못하는 배우자의 다른 모습들을 알려줄 수도 있고, 배우자와의 좋았던 기억들과 즐거운 얘기들을 당신에게 들려줄 수도 있을 것이다.

이렇듯 우정이란 한동안 접촉을 끊었던 사이라 해도 언제든지 다시 이을 수 있다. 친구에게 다시 연락해보라. 당신을 기다리고 있을 것이다.

MUST HAVE 두 사람에게 친한 친구가 있다면, 당신의 인생에 즐거움을 더해 줄 수도, 결혼생활을 성공으로 이끌어 줄 수도 있다.

배우자에게 이성 친구가 많다면?

당신의 배우자가 이성 친구를 잘 사귀는 편인가? 아니면 이미 이성 친구가 많은 편인가? 만약에 그렇다면, 질투심이 발동하는지 아니면 아무렇지 않게 받아들일 수 있는지를 잘 생각해 봐야 할 것이다. 배우자가 이성 친구들과 함께 있는 것을 좋아하고 그 관계가 단지 우정에 불과하다면, 괜찮다. 하지만 항상 자극적인 뭔가를 원한다면 신중해야 한다. 우정이 애정으로 바뀔 수가 있기 때문이다. 이 점에 대해서 배우자의 동성 친구에게 물어 보는 것도 하나의 좋은 방법이다.

결혼을 했다고 해도 이성 친구와 함께 점심을 먹거나 작업을 하거나 그 외의 다른 오락 활동들을 같이 하는 경우가 있을 수 있다. 그렇지만, 이런 활동들은 부부가 함께 하는 시간에 있어서는 안 될 것이다.

 배우자의 이성 친구들 때문에 걱정이 된다면, 당신의 감정을 솔직하게 표현하자.

옛날 애인과 친구로 사귀고 있는가?

처음 이성을 사귀는 것이 아니라면 아마도 예전에 알던 남자 친구나 여자 친구들 중에서 여전히 연락하고 지내는 친구들도 있을 수 있다. 아직 청산되지 않은 과거의 잔여물들이 있는가? 이를테면 당신이 옛날 이성 친구에게 심한 상처를 입었을 경우, 진심으로 그 사람을 용서했는가, 아니면 아직도 죄책감이나 원망의 감정을 품고 있는가? 그런 경우 지금 결혼하려는 사람과의 관계는 이미 위험에 빠져 있다고 봐야 한다.

옛날 애인에 대한 기억이 우정에서부터 강한 혐오감까지 온갖 종류의 감정들을 자극할 수가 있다. 당신이 아직 과거의 사랑으로 입은 상처를 간직하고 있다면 그 감정을 밖으로 터트려서 해결해야 한다. 그래야 새로운 인생으로 나아갈 수 있다.

사랑이란 때로는 고통스럽다. 일반적인 사람들의 경우, 첫사랑을 겪으면서 이미 그 진실성을 경험했을 것이다. 그 실망감과 실패를 감당하는 방법은 매우 중요하다. 당신이 옛날 애인과 여전히 친구로 지내고 있는 사람과 결혼할 계획이라면, 그들이 현재 어떤 관계로 이어지고 있는지 주의 깊게 살펴보아야 한다. 그것으로 배우자에 대하여 많은 것을 알 수 있다.

옛날 배우자에 대해서도 마찬가지이다. 부부였던 두 사람이 현재는 친구로서 관계를 유지할 수도 있는 일이다. 그렇다면 당신은 이 일을 어떻게 받아들일 것인가? 불편함이나 불안감을 느끼게 될까? 그 일이 중요하다고 생각되면 너무 늦지 않게 배우자감과 이야기를 해 봐야 한다.

솔직한 대화가 중요하다는 점은 이미 여러 번 지적했을 것이다. 그만큼 서로에 대한 솔직함이 결혼생활에 큰 부분을 차지한다. 과거가 현재의 결혼생활에 부정적인 영향을 미치지 않도록 노력하라. 당신이 가장 목표로 삼아야 할 것은 과거가 아닌, 행복한 미래다.

옛날 관계에 대해서 알 수 있는 최고의 방법은 그것에 대해서 이야기를 꺼내는 것이다. 하지만 계속해서 과거를 들먹이면 오해를 불러일으키거나 역효과를 일으킬 수 있으니 조심스럽게 해야 한다.

배우자의 친구가 마음에 안 들 때에는?

배우자가 당신의 몇몇 친구를 싫어할 수도 있다. 성격적으로 맞지 않아서, 혹은 서로 함께 할 만한 관심사가 별로 없어서, 그 사람의 어떤 습관이 싫어서, 혹은 과거 때문에 생긴 질투심 때문에 등등, 이렇듯 많은 이유가 있을 수 있지만, 서로의 친구에 대한 감정에 솔직해져야 한다는 건 중요하다.

또한 당신이 이성 친구와 만나는 것을 배우자가 싫어할 수도 있다. 반대로 배우자가 너무 많은 시간을 친구들과 보내는 것을 당신이 짜증스러워할 수도 있다. 그런 문제를 솔직하게 이야기할 수 있다면, 서로에 대해서, 그리고 두 사람의 관계에 대해서 더 정확히 알 수 있을 것이다.

내가 아는 한 여성은 배우자의 절친한 친구 한 명을 지독히도 싫어했다. 만날 때마다 소란스럽고 경박해 보였기 때문에, 최대한 그 사람을 피하려 했다. 하지만 시간이 지나면서 그가 다른 사람들보다 더 넓은 마음의 소유자라는 것을 알게 되었고, 그들은 결국 좋은 친구가 될 수 있었다. 때로는 그저 마음을 열어 두고 배우자가 선택한 친구들에게 시간을 내 주기만 하면 문제가 해결되는 경우도 있다.

반면에 한두 가지 이유로 오랫동안 유지해 왔던 배우자의 우정이 망가졌던 사례도 있다. 그런 일은 부부 관계에 도움이 된다기보다 걸림돌이 되는 경우가 더 많다. 당신이 진심으로 배우자의 친구를 싫어한다면, 그 사람과 같은 장소에 있고 싶지 않다고 알려 주는 것이 좋다. 하지만 결혼생활에 지장이 되지 않는 한 그 우정을 가로막지 않는 것이 서로에게 좋다.

진실한 우정은 서로에게 배우자가 생겼을 때 그들의 관계가 변할 수밖에 없음을 이해한다. 그리고 그들의 우정에 이 새로운 관계를 받아들인다.

취미생활에 대한
질문들

결혼은 듀엣 곡이다.

한 사람이 노래를 부를 때 다른 사람은 장단을 맞춘다.

_무명씨

　　　　　　　　　　두 사람이 공통된 관심사를 갖
는 것은 건강하고 행복한 결혼생활을 이루기 위해 꼭 필요한
요소이다. 둘이 함께 할 수 있는 활동들은 얼마든지 있다. 스
포츠, 음악, 예술, 여행, 운동, 기타 취미들. 서로 좋아하는 일을
함께 하면 들인 시간에 비해서 커다란 효과가 나타난다.

　두 사람이 흥미를 지닌 분야가 비슷하지 않다면, 결혼생활
에 문제가 일어날 수 있다. "성격이 맞지 않아서" "서로에게 애
정이 식었기 때문에"라는 이유로 갈라서는 부부들이 많다. 그
런 부부는 함께 즐길 수 있는 기회들을 찾아보지 않았을 가능
성이 크다. 각자 가정 밖에서 취미생활을 추구하는 것도 나쁘
지는 않다. 하지만 너무 시간을 많이 빼앗겨 서로에게 들일 시
간이 줄어들어서는 안 된다.

　부부가 너무 틀에 박힌 행동을 함께 하는 경우도 많다. 영화
를 보러 가거나(이런 곳에서는 상호작용이 일어날 여지가 별로 없다)

친구들과 계속 함께 있거나(그럴 때는 둘만의 친밀감을 개발할 기회
가 없다) 등이 그럴 때이다.

　'인생이란 놀라움의 연속이다'라는 말이 있다. 그리고 때때
로 두 사람이 함께하는 사소한 일이 서로에 대해서 놀라운 발
견을 가져다주고 부부 관계도 더 돈독하게 만들어 준다. 당신
이 숲속을 산책하고 있던 중에, 배우자가 그 주변의 나무 이름
과 덤불 이름을 다 알아맞힌다고 생각해 보라. 얼마나 예상치
못한 놀라움이겠는가!

함께 즐길 수 있는 취미가 있는가,
혹은 그런 취미를 만들 수 있을까?

취미에는 우표 수집에서부터 기차 모형 수집, 캐릭터 수집과 엽서 수집에 이르기까지 다양하다. 두 사람이 함께 가질 만한 취미가 하나라도 있는가? 그런 취미들을 나열해서 차례차례 시도해 보는 건 어떨까?

같은 취미를 갖고 있으면 그 분야의 솜씨를 개발하고, 흥미로운 사람들을 만나고, 지식을 습득할 수 있는 지속적인 기회가 생긴다. 이렇게 함께 하면 배우자와의 관계가 지속적으로 즐거울 수 있다.

함께 할 수 있는 취미들을 찾아보려 노력하면 가능성은 무궁무진하다. 취미는 질 좋은 시간을 함께 할 수 있는 방법이며, 결혼생활이 시들해지는 것도 예방해 줄 수 있다.

좋아하는 스포츠가 있는가?

요즘 사람들은 육체적인 건강을 유지하기 위해 적극적인 노력을 아끼지 않는다. 수영, 테니스, 사이클, 발리볼, 하이킹, 헬스나 에어로빅 같은 스포츠들이 그 노력을 지원해 주고 있다.

건강한 삶과 운동에 대해 배우자의 견해가 당신의 견해와 비슷한가? 비슷한 견해에 도달할 수 있는가? 함께 할 사람이 있을 때 운동이 더 쉽고 즐겁다. 두 사람이 함께 할 수 있는 활동과 운동을 찾는 것은 그리 어렵지 않고, 그 시간 동안 같이 있는 시간을 즐길 수도 있다. 무용 또한 고려해 볼 만한 아주 좋은 운동이다. 게다가 무용은 서로의 신체를 접촉할 수 있는 기회까지 제공한다.

당신이 운동을 좋아하는 편이 아니라면, 사랑하는 사람에게 아주 중요한 일임을 인정하여 혼자 즐길 수 있도록 해 주어야 한다. 그 시간에 당신이 좋아하는 요가나 조용한 산책을 즐길 수 있을 것이다.

당신과 배우자의 운동 취향이 다를 경우, 서로가 상대방이 좋아하는 활동을 추구할 수 있도록 지원해 주어야 한다. 부부가 함께 취미를 즐기는 것도 좋지만 서로의 흥미를 추구할 수 있는 자유를 주는 것 또한 중요하다.

좋아하는 운동이 전혀 다른 커플이라면, 함께 할 수 있으면서도 각자 행동할 수 있는 환경이 어떤 것일지 생각해 보자. 예를 들어, 해변에 나가면 한 사람은 수영을 하거나 발리볼을 하고 그동안 다른 사람은 편안히 누워서 책을 읽을 수 있을 것이다.

TV가 두 사람이 함께하는 시간에
얼마나 많은 영향을 끼치고 있는가?

요즘에는 저녁 식사 후의 시간이나 주말 시간을 TV가 독차지해 버리는 경우를 흔히 보게 된다. 결혼한 후에 함께 있을 수 있는 그 소중한 시간을 어떻게 보낼 생각인가? 배우자가 매일 밤 바보상자에 달라붙어 있을 타입인지 아닌지 알고 있는가? 만약에 그런 경우라면, 같은 지붕 아래 살게 되었을 때 그 습관이 바뀌기를 바라는가?

물론 TV를 완전히 안 보고 살기는 힘든 일이다. 사람마다 꼭 보고 싶은 프로그램들도 있을 것이다. 하지만 TV에 너무 많은 시간을 빼앗기게 되면 대화할 시간이 절대적으로 부족해지기 때문에 결혼생활을 파멸로 이끌 수가 있다. 중요한 일을 이야기하고 싶을 때에도 배우자가 TV에 정신을 쏟고 있으면 선뜻 말을 꺼내기가 어렵다. TV가 자유로운 대화의 길을 가로막는 것이다. 또한 어느 한 쪽이 항상 TV를 켜 놓는 습관을 지니고 있다면, 상대방은 그 사람에 밀려나 버린 듯한 감정을 갖게 될 수 있다.

　TV가 결혼생활에 일정 부분의 역할을 감당한다는 것은 인정할 수밖에 없다. 하지만 미리 앉아서 TV를 보는 시간에 대해 이야기해 볼 필요가 있다. 서로 몇 시간 정도 TV를 시청하는 편인지, 상대방의 시청 시간을 내가 받아들일 수 있는지, 어떤 프로그램을 함께 혹은 따로 시청할 것인지 등등에 관하여 대화해 보는 것이 좋다.

사랑하는 사람에게 이런 말을 해 보는 건 어떨까. "매일 밤 TV 앞에서 시간을 보내는 것보다 당신과 함께 보람되게 시간을 보내는 것이 나에게는 더 소중해요. 설사 내가 좋아하는 프로그램을 보지 못하는 한이 있더라도 말이에요." 이 말 한마디가 배우자에게 큰 감동을 안겨 줄 것이다.

독서를 좋아하는가?

당신은 사랑하는 사람과 편안한 소파에 앉아 함께 책을 읽으면서 조용한 저녁 시간을 보내고 싶어하는 여성이다. 그런데 당신의 배우자감이 책을 전혀 읽지 않는 사람이라면 어떨까? 그 점이 당신에게 다소 충격적으로 느껴질지도 모른다. 하지만 어느 통계에서 발표된 것처럼, 남자보다 여자가 더 많은 책을 사서 읽는 것이 사실이다.

내가 아는 어떤 여성은 책을 정말 좋아하고 많이 읽는 여성이었는데, 다방면으로 지식이 풍부한 남성을 만나 사랑에 빠졌다. 무슨 이야기를 해도 막힘이 없었으므로 그 남자가 당연히 독서광일 것이라고 짐작했었다. 그런데 그는 잡지를 즐겨 읽는 사람이었다. 잡지만 읽고 평생 단 한 권의 책도 사서 읽어본 적이 없는 사람이었다. 그 사실을 알고 나서 그녀는 매우 실망한 나머지 그 남자와의 관계를 끝내고 말았다.

당신의 인생에서 독서가 차지하는 비중이 매우 크다면, 미래의 배우자감도 똑같은 타입인지 알 필요가 있다. 당신이 읽은 책이나 기사 내용을 함께 이야기하고 함께 나눌 수 있다는 것도 인생의 즐거움 중 하나이며, 그런 시간이 부부 관계의 질을 높여 줄 수 있다. 당신이 만약 독서를 좋아하지 않는 타입인데 배우자감이 책을 좋아하는 경우라면, 그 사람이 책을 읽은 시간에 소외감을 느낄 수 있다는 점도 고려해야 한다.

사랑하는 사람과 함께 서점에 가 보자. 그 사람의 독서 성향과 관심사를 알 수 있을 것이다.

어떤 장르의 음악을 좋아하는가?

결혼해서 함께 살다 보면 수없이 많은 사소한 차이들이 드러나기 마련이다. 그 차이 중의 하나가 음악에 대한 취향의 차이이다. 서로의 집에서 많은 시간을 보내지 않는 이상, 배우자감이 밤낮으로 록음악을 크게 틀어 놓는 타입이라는 것을 알지 못할 가능성이 있다.

당신이 발라드와 잔잔한 재즈를 선호하는 편이라면 문제는 예상 외로 심각해질 수 있으며, 이 단순한 차이점이 두 사람 사이에 자주 불화를 불러일으키게 될 것이다.

대부분의 싸움은 아주 사소한 차이 때문에 일어난다. 결혼 전에, 그 갈등을 처리하는 방법을 어느 정도 익혀 두는 것이 좋다.

설사 서로의 차이점들을 모조리 알 수는 없겠지만, 이런 기술을 개발하는 것은 매우 중요하다.

음악 문제 때문에 계속 싸움이 일어날 경우에는 어떻게 타협에 이를 수 있을까? 자신이 싫더라도, 배우자가 좋아하는 음악을 들을 수 있게 해 줄까? 상대방의 음악 취향을 존중해 줄 수 있을까? 그 옆에서 같이 들으며 이해해 보려 노력할 것인가?

이런 문제를 대화로 풀어 보아야 한다. 서로의 차이를 인정하는 태도를 갖고 있어야 대화를 해도 효과가 있는 법이다. 당신은 열린 마음으로 대화할 자세가 되어 있는가? 타협에 이르렀을 때, 배우자의 노력을 인정해 줄 수 있는가? 그렇다면, 지속적인 결혼생활의 길로 첫 발을 내딛은 것이라 하겠다.

사소한 차이들이 해결되지 않은 채 쌓여 가게 되면, 점점 위험한 상태로 들어가는 것이라 말할 수 있다. 결혼을 생각하는 두 사람이 지금 그런 상황에 빠져 있다면, 애정 어린 타협으로 상황을 풀어 갈 수 있을 때까지 결혼의 연기를 고려해야 한다.

여행을 좋아하는가?

여행을 떠나고 싶어도 같이 갈 사람이 없어서 못 간다면 얼마나 실망스러울까. 당신의 배우자감과 함께 여행을 떠나 본적이 있는가? 한 사람은 오로지 목적지에 도착할 생각만 하고 다른 사람은 중간중간 쉬어가며 장미꽃의 향기를 맡아 보고 싶어 한다면 어떨까? 주말에 친척 집에 가려고 비행기를 탔는데 상대방이 쉴 새 없이 불평불만을 늘어놓는다면 또 어떨까? 게다가 그 후에 다시는 비행기를 타지 않겠노라고 선언을 한다면? 당신이 꿈꿔 왔던 카리브 해 연안에서의 낭만적인 신혼여행을 포기해야 할지 고민스러울지도 모른다.

당신은 친구들이나 가족과 함께 자주 캠핑을 다니며 자라왔던 터라 사랑하는 사람과도 이런 여행을 낭만적으로 즐기고싶어 하는데, 배우자는 안락한 숙박시설이 꼭 보장되어야 한다고 주장하는 경우도 있을 수 있다.

둘 중 하나가 여행을 좋아하고 다른 사람은 전혀 관심이 없는 경우라면, 과연 타협에 이를 수 있을까? 휴가 때 당신은 집에서 멀리 떠나는 모험적인 여행을 기대하는 반면 배우자는 집에 남아서 고장난 기계 수리하는 걸 좋아한다면, 그런 상황을 어떻게 극복할 것인가?

여행은 함께 하는 멋진 시간이자 유익한 경험이 될 수 있다. 여행에 대한 서로의 느낌을 이야기해 보라. 예전에 여행 간 경험은 어떠했는지, 결혼 후의 여행에 대해서는 어떻게 생각하는지, 찾아가 보고 싶은 장소에 대해서도 이야기해 보라. 가족 여행에 대해서는 어떻게 생각하는가? 아이들과 함께 여행하는 게 결코 쉽지 않다는 말은 이미 들었을 것이다. 하지만 어차피 인생은 모험이다. 여행이 두 사람 모두에게 즐거움이 될 수 있기를 바란다.

결혼하기 전에, 둘 다 여행을 즐길 수 있을지 확인해 보자. 함께 여행하는 즐거움을 판단해 보기 위해서 짧은 여행을 떠나 보는 것도 좋다.

애완 동물을 기르고 싶은가?

　당신이 애완동물을 키우는 집안에서 자랐고, 배우자는 금붕어 한 마리 길러 본 경험이 없을 수도 있다. 그럼 배우자는 당신이 기르던 고양이와 개들을 결혼 후에 어떻게 처리할 것인지 궁금해할 것이다. 당신이 그 동물 친구들에게 애착이 있으리라는 건 짐작할 수 있다. 하지만 어느 정도의 애착인가? 배우자에게 동물 털 알레르기가 있어서 집안에 들여놓을 수 없는 상황이라면 그들을 기꺼이 포기할 수 있을까?

　어느 한쪽이 동물을 좋아하지 않는다면, 집안에서 동물을 키운다는 것이 심각한 다툼을 불러일으킬 수 있다. 두 사람이 동물을 키우지 않는 쪽으로 의견일치를 보았다 해도, 아이가 생긴 후에 그 아이들이 고양이나 강아지, 기타 매일매일 보살피고 먹이를 줘야 하는 짐승을 키우고 싶어 할 때가 찾아올 수도 있다. 그때 취할 입장을 미리 알 수 있도록, 지금 그 문제를 정리하는 편이 낫다. 아이들이 이 문제에 있어서만큼은 절대로

물러서려 들지 않을 때가 있다.

애완동물을 키우면 집을 구할 때도 어려움을 겪곤 한다. 많은 집주인이 동물들을 받아들여 주지 않으려 한다. 받아들여 준다 해도, 공간이 작은 데 키워야 할 개의 체구가 크다면 또 골치 아프다. 불가피하게 사랑하는 동물을 떼어 놓아야 하는 상황이 감정상 쉽지 않은 일이기도 하다. 그런 경우에는 가끔씩 찾아가 볼 수 있는 친구 집에 잠시 그 동물을 맡겨 놓는 것도 한 가지 방법일 수 있다. 하지만 각오해야 할 것이 있다. 한때 당신의 추종자였던 그 개가 당신친구의 충실한 심복이 되어 있을 수도 있으니까! 그럴 때에는 어떻게 해야 할까?

당신이 키우던 강아지를 절대로 포기할 수 없다면 이런 식으로 생각해 보자. 매일 밤 당신의 옆자리를 데워 줄 상대는 누구인가? 강아지인가, 아니면 배우자인가?

요리를 좋아하는가?

사귀는 동안에 사랑하는 사람을 위해서 맛있는 요리를 만들어 주는 것은 큰 기쁨일 수 있다. 하지만 결혼한 후에도 하루도 거르지 않고 요리를 한다면 기쁘게 받아들일 수 있을까? 대개가 부엌을 여성들의 전용 공간으로 생각하는 사람들도 있지만, 요즘은 그렇지가 않다.

두 사람이 어떤 식으로 합의를 보든, 저녁 식사는 그날의 필수적인 시간이며, 낭만적인 시간이 될 수 있도록 서로가 노력해야 한다.

배우자가 요리하는 걸 싫어해서 그저 식탁 차리는 것과 설거지만 맡겠다고 할 수도 있다. 그럴 때에는 함께 요리학원에 다니는 것도 좋은 방법이다. 서로 활동을 같이하면 생각이 달라질 수도 있기 때문이다.

집에서의 모임을 좋아하는가?

다른 사람과 사귀는 방식이나 사람들이 편안해 하는 정도는 그 사람의 성격과 많은 관련이 있다. 당신과 당신의 배우자 모두 외향적인 성격인가? 둘 다 따뜻하고 상냥한 타입인가? 어느 주제에 대해서 지식이 비슷한 편인가?

당신과 당신의 배우자가 어떤 사교 모임을 좋아하고 어느 정도의 사교성을 지니고 있는지는 결혼 전에 이야기해 보아야 할 중요한 주제이다. 당신의 모임을 집에서 하는 즐거움에 대해서 어떤 기대치를 갖고 있는가? 당신의 배우자감은 함께 시간을 보내고 싶어 하는 친구들이 얼마나 많은가? 당신은 안마당에서 주말 오후에 바비큐 파티를 여는 것을 좋아하는가? 매주 일요일마다 해도 상관이 없는가?

데이트할 때에는, 상대방에게 좋은 인상을 주려고 제일 좋은 성격만을 보이게 된다. 일반적인 상황을 살펴보자면 다음과 같다.

리처드와 자넷은 만난 지 얼마 되지 않은 사이이다. 자넷은 친구들을 불러 식사 대접하는 걸 좋아하고 가끔씩 파티를 열기도 한다. 사귀는 동안 리처드는 자넷의 파티에 즐겁게 참석한다. 파티에 온 그녀의 친구들에게 사교적으로 말을 걸고 대화를 나누며 즐거운 시간을 보낸다. 그런데 결혼을 하자 상황이 달라진다. 리처드는 그들의 집에서 너무 자주 파티를 여는 게 싫다고 말한다.

리처드는 보다 가족적인 시간을 갖고 싶어한다. 파티에 초대를 받았을 때에도 웬만하면 거절하고 싶어한다. 갑자기 그녀의 친구들을 그리 좋아하지 않게 되어 버린 듯하다. 자넷은 낙담하게 되고 자기 집에 있는 게 마치 감옥에 갇힌 듯한 기분이다.

결혼하기 전에 자넷이 리처드의 이런 성향을 알았더라면, 일찌감치 타협점을 찾았을 수도 있다. 하지만 그들의 경우에는 너무 늦어 버렸다. 바로 이런 이유 때문에 서로 사교적인 스타일이 비슷한지를 확인해 봐야 한다.

사교성에 대한 당신의 태도를 배우자와 진지하게 대화해 보자. 한쪽이 다른 쪽보다 더 친구들을 좋아하는 편이라면, 집 밖에서 가끔씩 만날 수 있도록 하고(당신이 함께 가도 좋고 동반하지 않아도 좋다.) 또 가끔은 집에서 친구들을 대접할 수 있다는 사실도 인정해야 한다.

개인 시간을 소중히 여기는가?

결혼한 부부에게 공통의 관심사가 중요한 것만큼이나, 개인적인 관심사를 추구하며 혼자만의 시간을 갖는 것도 중요하다. 떨어져 있는 시간이란, 당신이 친구들과 맛있는 음식을 먹으며 저녁 시간을 보내는 것일 수도 있고, 당신의 배우자가 토요일 아침에 친구들과 농구 게임을 즐기는 것일 수도 있다.

자신의 흥미를 갖는 일을 추구하게 되면, 삶의 활력이 살아날 뿐 아니라 새로운 경험과 지식을 습득할 수 있는 기회도 된다. 또한 두 사람이 함께할 때 서로에게 줄 것이 더 많아지게 된다. 그것이 두 사람의 관계에 생동감과 자극을 지속시켜 주는 결과를 낳는다.

혼자서 조용한 시간을 보내는 것이 자신의 내면에 침착할 수 있는 시간을 제공하기도 한다. 자신과 조화로운 감각을 유지하기 위해서 이런 시간이 꼭 필요하다. 결혼생활과는 별도로, 당신에게 가장 중요한 관계는 바로 자기 자신과의 관계이다. 그것이 만족스럽지 않으면 다른 사람과 무엇을 함께 나눌 수 있을까? 특히 당신이 사랑하는 평생의 반려자와 무엇을 함께 나눌 수 있겠는가?

주기적으로 당신 자신과 당신의 배우자에게 혼자 있을 수 있는 공간을 주자. 각자의 흥미를 추구할 수 있는 시간도 허락하자. 그것이 결혼생활을 지속적으로 묶어주는 일부다. 결혼이란 상대방을 신뢰하고 편안하게 느끼는 것이다.

개인적인 습관에
대한 질문들

결혼하기는 쉽다. 어려운 것은 집안일이다.

_속담

　　　　　　　　"오래된 나쁜 습관을 버리는 것보다 새로운 좋은 습관을 터득하는 것이 더 쉽다"는 옛말이 있다. 부모님과 형제와 친구들과 함께 사는 세월 동안 모든 사람이 좋고 나쁜 습관들을 지니게 된다. 그리고 때로는 우리의 사소한 개인적인 습관들이 결혼 생활에서 다른 사람들에게 대단히 거슬릴 수 있다는 점을 잘 의식하지 못한다.

　연인으로 사귈 때에나 사랑에 빠져 있을 때에는 상대방의 나쁜 습관들을 무시하려는 경향이 있다. 하지만 하루 24시간을 함께 보내게 되면, 그러한 습관들이 당신을 미치게 만들 수도 있을 원인으로 돌변하기도 한다. 어쩌다 한 번씩 지저분한 빨랫감을 바닥에 던져두는 습관은 참아 줄 수 있지만, 집안을 계속 어지럽히고, 정돈하지 못하고, 더러운 옷을 구석에 처박아 두고, 화초를 돌보지도 않는 등, 기타 해답이 없는 문제들이 단순한 분노 이상을 일으킬 수 있다. 그 외에도 머리끝까지 당신의 화를 북돋는 습관들이 있을 것이다. 식탁에서의 매너 없는 행동, 흡연, 음주, 고약한 말버릇 등 그런 습관들은 얼마든지 있다!

어떤 습관들은 함께 살아보기 전까지는 알기가 힘들다. 내 친구는 결혼하기 전까지 자신의 남편이 밤에 창문 열어 두는 걸 끔찍이도 싫어한다는 사실을 알지 못했다. 결혼한 후에야 그 사실을 알게 되었고, 그들은 그 일로 인해서 수도 없이 싸우면서 매일 밤 같은 패턴을 반복했다.

침대에 들기 전에 그녀가 창문을 연다. 그는 들어와서 창문을 닫는다. 그가 잠든 후에 그녀는 다시 일어나 창문을 연다. 때때로 밤사이 언젠가 남편이 깨어나게 되면 그는 다시 창문을 닫는다. 맙소사, 자는 시간보다 창문을 열었다 닫는 시간이 더 많은 듯 하지 않은가!

사랑하는 사람에게 당신이 바꿀 수 없는 습관들이 당연히 몇 개쯤은 있을 것이다. 그런 습관들은 그냥 받아들일 수밖에 없다. 대개의 결혼생활에서 이런 받아들임의 과정이 일어난다.

하지만 생각해 보라. 누군가 당신이 전에 경험해 보지 못했던 행복을 알게 해 준 사람이 있다면, 그 사람의 사소한 습관쯤은 눈감아 줄 수도 있는 일이 아닐까? 사실 눈감아 주는 것이 마땅하다. 결국, 손해 보는 것보다 유익한 점이 더 많다는 것을 깨닫게 될 테니까 말이다. 완벽하게 똑같은 사람끼리 결혼한다면 얼마나 지루하겠는가를 생각해 보라.

편식을 하는 편인가?

맛이 있거나 없거나를 따지기 전에, 우리는 매일매일 먹어야 한다. 거의 모든 사람은 하루에 세 끼 식사를 한다. 당신과 당신의 배우자가 서로 다른 환경에서 자랐다면, 음식의 선택과 식사 습관이 많이 다를 수가 있다. 두 사람 다 좋아하는 음식을 선택한다는 것이 무척이나 까다로운 일일 수도 있다. 그래서 결혼 전에 서로가 좋아하는 음식과 싫어하는 음식을 알아 둘 필요가 있다. 아주 싫어하는 음식을 좋아하는 척하면 계속해서 그 음식이 식탁에 올라오리라는 것을 각오해야 한다!

요즘은 다른 분야와 마찬가지로 음식 분야도 소비자 지향적이기 때문에 식사 준비하는 일이 훨씬 간편해졌다. 슈퍼마켓에 가면 다양한 요리들이 즐비하다. 하지만 당신의 배우자와 똑같은 식습관을 지니고 있는지 확인해 보는 것이 좋다. 다음과 같은 질문들을 해 보라.

특별히 먹지 않는 음식이 있나요? 알레르기를 일으키는 음식이 있나요? 좋아하는 음식은 어떤 거죠? 외식은 자주 하는 걸 좋아하나요, 아니면 가끔 하는 걸 좋아하나요?

배우자가 권하는 음식이 있다면, 기꺼이 마음을 열고 새로운 음식을 맛보고 새로운 요리법을 시도해 보라. 당신이 경험하지 못했던 특이한 향기와 맛들이 의외로 마음에 들 수도 있다. "한 번 먹어봐요, 입에 맞을 테니"

시간이 날 때, 메뉴를 정해서 함께 식료품을 사러 나가자. 그럼 둘 다 좋아하는 재료와 음식을 고를 수 있다.

잠버릇은 어떠한가?

　　다음과 같은 상황을 상상해 보라. 당신은 수년간 혼자 생활하면서 조용하게 혼자 자는 습관에 길들여져 있다. 그런데 사려 깊고 당신의 모든 욕구를 보살펴 주는 듯한 이상형의 배우자와 결혼한 지금, 그 사람이 불면증 때문에 새벽까지 침대에서 책 읽는 습관이 있다는 것을 알게 된다. 아니면 텔레비전을 켜 놓고 잠들어 버리는 경우가 많다. 이렇게 되면 당신은 충분한 휴식을 취할 수가 없고 점점 짜증이 나기 시작한다. 잠자리가 편하지 않으면 결혼생활에도 그만한 희생이 생기기 마련이다.

　　결혼하고 나서야 배우자가 코를 곤다는 사실을 알았을 수도 있다. 그의 갈비뼈를 찔러 대며 뜬눈으로 밤을 보내야 한다면, 당신의 결혼생활에 참기 힘든 문젯거리가 된다. 두 사람은 필사적으로 해결책을 찾아볼 것이다. 주위 사람들이 저마다 코골이 치료법을 조언해 주고 당신은 귀마개를 해볼까도 고려했다가 마지막 수단으로 침대를 각자 쓰는 것까지 생각해야 할 상황이 될 수도 있다. 그때쯤 되면 사랑만 있으면 모든 것을 극복할 수 있으리라던 예전의 생각에 더 이상 확신이 서지 않게 된다.

결혼생활 중에 문제가 생겼을 때에는 함께 해결책을 찾아보아야 한다. 심각하게 코를 고는 경우라면 전문적인 치료를 받아보라. 그리 심각한 상태가 아니라는 진단이 나왔다면, 매일 운동을 하거나 잠잘 때 상체와 머리를 높이는 방법이 도움이 될 수도 있다. 어떤 방법이든 일단 시도해 보라! 배우자의 잠버릇 때문에 불면증에 시달리는 것보다야 낫지 않겠는가.

배우자 감의 잠버릇을 알지 못한다면, 미리 말을 해서 알아내야 한다. 그래야 뜻밖의 상황에 놀라지 않을 수 있다.

좋지 못한 습관이 있는가?

　　당신이 사귀고 있는 그 사람이 담배를 피우거나 술을 마시거나 가끔 도박을 하는 것에 대해서는 이미 알고 있을 수 있다. 하지만 그 습관이 어느 정도인지에 대해서는 모를 수가 있다. 그 점에 대해서 의문이 생긴다면 그의 가족과 친구들에게 말을 해서 알코올 중독이나 약물 중독, 혹은 도박 중독 등으로 문제를 일으킨 적이 있었는지 알아보라.

　　흡연과 도박은 극히 끊기 어려운 중독성 질병이다. 특히 도박과 알코올 중독은 결혼생활을 파멸로 몰고 갈 수가 있다. 사람들은 흔히 자신에게 알코올 중독 증세가 있다는 사실을 인정하지 않는다. 그런 문제점을 숨기는 재주가 비상한 사람들도 있다. 당신의 배우자감에게 그런 심각한 비밀이 없기를 바란다.

　　당신의 배우자에게 알코올, 도박, 약물 중독 등의 경력이 있음을 알게 되었다면, 솔직하게 대화를 시도해 보라. 어쩌면 그가 회복기에 접어들어 당신의 도움을 필요로 할 수도 있다. 한편, 그 문제가 계속 이어진다면, 하룻밤 사이에 그 습관들이 변하기를 기대하지 말라. 그 사람에게는 전문적인 치료가 필요하다. 치료를 받으면, 혹은 치료가 다 끝났을 때 결혼을 다시 고려해 보겠노라고 배우자에게 선언하라.

불건전한 습관들은 가끔 더 심각한 문제의 신호이기도 하다. 영구적인 변화는 쉽게 찾아오지 않는다. 배우자에게 계속 친구가 되어주겠다고 말하자. 하지만 완벽하게 회복될 때까지 결혼은 단호하게 거절해야 한다.

식사 예절에 대해서는 어떠한가?

식사 예절을 완벽하게 배우며 자란 사람이 과연 몇 명이나 될까? 하지만 "똑바로 앉아라" "포크를 제대로 잡아라" 등등 집에서 허락하지 않는 습관들은 있었을 것이다.

어떤 집에서는 식탁 맞은편에 있는 비스킷을 집어 드는 것도 예의에 어긋난다고 한다. 또 어떤 집에서는 식탁 앞으로 팔을 뻗는 것이 전혀 문제시되지 않는다. 문화적으로 상당히 많은 차이가 난다. 예를 들어, 중국식 식탁에서는 각자의 앞에 밥그릇만 놓아두고 다른 음식들은 모두 식탁 가운데에 놓아 각자 젓가락으로 덜어 먹어야 한다. 그것이 전혀 문제될 게 없다! 하지만 이런 행동이 다른 집에서는 용납되지 않을 수도 있다.

어떤 집에서는 식사할 때 말을 삼가고 조용히 먹어야 한다고 한다. 영양분을 섭취하는 것이 주된 목적이다. 하지만 다른 집에서는 식사 시간이 대화의 장이 되기도 한다. 그날의 사건들을 서로에게 말해 주고 생각하는 의견들을 표현하는 공간이다. 당신은 어느 쪽을 선호하는가?

수프를 후루루 소리 나게 마시고 음식을 입에 마구 쑤셔 넣고 그 와중에 말까지 하려 드는 사람과 앉아 있는 장면을 상상할 수 있는가? 이런 장면이 당신한테는 아무렇지 않을지라도, 다른 사람들에게는 그렇지가 않다.

결혼하기 전에 이 문제에 대해서 서로의 의견을 들어 보라. 배우자가 식탁을 차려야 한다면, 냅킨, 포크, 나이프와 스푼을 어디에 놓아야 할지 알려 주는 것도 중요하다. 잘못을 지적하지 말고 그저 시범을 보여주어라. 그들에게 창피를 주는 행동은 삼가야 한다. 누구나 살아가면서 배워야 할 것들이 있는 법이다. 그러니 사랑하는 사람을 배려해 주자.

당신이 냅킨 접는 법과 같은 사소한 일에 관심이 없다 해도, 이렇게 세세한 부분까지 관심을 갖는 배우자의 태도에 감탄을 보여 주자. 틀림없이 점수를 더 딸 수 있을 것이다.

가사를 어떻게 분담할까?

결혼은 함께 '나눠야' 하는 것이다. 생각과 의견을 함께 나누고 행복과 슬픔도 함께 하고 또한 책임감도 함께 나눠야 한다. 둘 다 일하는 입장이라면, 가정 일을 분담하는 것이 합리적이다. 각자 더 잘할 수 있는 일이나 더 좋아하는 일을 맡아서 책임감을 분배하는 것이다. 일상적으로 매일매일 해야 할 일들은 언제나 많다. 그 짐을 한사람에게만 떠맡긴다면 원망의 감정이 생겨날 것이다. 또한 배우자에게 계속해서 책임을 다하라고 잔소리 듣는 것만큼 화나는 일도 없다.

하루 일을 끝내고 집으로 걸어 들어가 느긋하게 부엌을 거닐면서 "저녁 준비 됐어?"라고 물을 수 있는 날들은 이미 다 지나갔다. 그런 식으로 행동한다면 "당신이 해!"라는 대답이 나와도 할 말이 없는 일이다.

같은 지붕 밑으로 들어가기 전에, 매일, 일주일 혹은 월 단위로 해야 할 일들을 꼼꼼하게 적어 보라. 식료품 사 오기, 식사 준비, 강아지 먹이주기, 쓰레기 버리기, 청소, 설거지, 가구 닦기, 빨래하기, 침대 정돈하기, 세탁물 찾아오기, 유리창 닦기 등등이 나열될 것이다. 그런 다음 서로 하기 싫은 일과 비교적 좋아하는 일을 결정해 보라. 미리 그런 결정을 해 두면, 결혼생활에서 이런 문제로 다툴 일이 훨씬 줄어들 것이다.

부부가 조화롭게 살아가는 것은 중요하다. 누가 무엇을 해야 하는지 싸울 필요가 없어야 더 조화로울 수 있다. 배우자가 할 일을 게을리했다고 해도 너무 몰아붙이지 말고 마음을 가라앉히고 이유를 물어보자. 상대방의 입장이 되어 보려고 노력하고 이런 일이 싸움으로 치닫지 않도록 항상 조심하자.

시간 약속을 정확히 지키는 타입인가,
아니면 늦는 타입인가?

    내가 아는 부부 중에서 항상 약속시간보다 늦게 나타나는 사람들이 있다. 그들의 친구들은 이제 꾀가 나서 그들이 실제로 도착해야 하는 시간 보다 20분 전으로 약속시간을 알려 준다. 이 작전이 대개는 효과를 발휘하기도 하지만, 그래도 가끔은 지각을 한다. 어떤 사람은 시간 약속에 늦는 것을 예의 없는 행동으로 여기기도 하고, 또 어떤 사람은 괜찮게 여긴다. 당신은 정확성과 스케줄을 지키는 일에 어떤 쪽인가?

    회의가 있거나 다른 약속이 있는데 배우자를 한없이 기다려야 한다는 것은 진짜 짜증나는 일이다. 당신이 외출 준비를 하는 아내를 기다려야 하는 남편이든, 중요한 저녁 파티를 위해 집으로 돌아와야 할 남편을 기다리는 아내이든, 시간이 늦어 버리면 그날 저녁 전체를 망칠 수가 있다. 시간 개념이 철저한 당신이 시계를 차고 다니지도 않는 사람과 결혼할 예정이라면 이 부분이 얼마나 큰 문젯거리가 될지 미리 생각해 보는 편이 낫다.

사람들은 흔히 자신과 똑같은 사람을 찾으려고 한다. 자신이 좋아하는 것을 좋아하고, 자신이 바라는 것을 똑같이 바라고, 자신이 목표로 삼고 있는 것에 똑같이 갈 수 있는 사람을 찾게 된다. 당신이 결혼할 사람에게 이런 점들이 있다면 매우 다행스러운 일이지만 결혼에는 인내심과 서로의 차이를 받아들이는 태도가 요구된다는 점도 명심해야 한다.

당신은 정확한 사람이고 배우자 감이 항상 늦는 편이라면, 이런 식으로 한번 생각해 보자. '정복해야 할 문제가 있구나.' 여기서 타협점을 찾아보는 게 여러 가지로 편리하다.

욕실을 같이 쓰려면?

결혼을 하면 사소한 문젯거리들을 수시로 만나게 된다. 욕실을 함께 쓰는 것도 그중 하나이다. 욕실을 함께 쓸 필요가 없는 사람들은 얼마나 행운아인지 깨닫기 바란다! 하지만 욕실을 같이 써야 할 상황이라면, 앞으로 발생할 수도 있는 사태들을 미리 파악하는 편이 낫다.

집안에서 이 작고도 중요한 방처럼 금세 전쟁터로 변하는 공간도 아마 없을 것이다. 아침에 이 작은 공간을 먼저 사용하려는 싸움이 전쟁으로 변할 수 있다. 두 사람 다 동시에 출근 준비를 하려 한다면 특히 그렇다. 바닥에 젖은 수건을 팽개쳐 놓았다는 것부터 거울에 김이 서렸다, 혹은 화장실 휴지가 잘못 말려 있다는 등 여러 가지가 불평거리로 대두될 수 있다. 이 사소한 것처럼 보이는 문제들 때문에 상담실로 날아드는 편지도 수백 통이다.

이 장소를 어차피 같이 사용할 거라면, 처음부터 교양 있는 태도로 임하길 바란다. 처음에는 세면대에서 머리를 말리는 당신 곁에서 배우자가 벌거벗고 서 있는 모습이 자극적이고 관능적일 수도 있다. 하지만 이 경험의 새로움이 시들어 버렸을 때 배우자가 당신의 가발을 실수로 벗겨 버렸다면(농담이다!), 그것을 웃음으로 받아들일 수 있을까?

당신의 습관을 상황에 맞게 수정할 준비가 되어 있는가, 아니면 당신의 방식을 고수하며 배우자가 당신에게 맞추기를 바라는가? 작은 공간에서의 싸움, 과연 누가 이길 것인가?

욕실을 사용하는 순서는 서로의 입장을 솔직하게 말하기만 하면 해결될 수 있다. 배우자의 말을 잘 들어 줌으로써 존중을 표시하자. 상대방에 대한 배려가 우선이다.

늦게 자고 일직 일어나는 편인가?

당신은 일찍 자고 새벽에 일어나는데 반에, 배우자는 밤만 되면 정신이 또렷해진다면 함께 살게 되었을 때 문제가 생길 수 있다. 이럴 때에도 타협하는 것이 가장 바람직하다.

당신이 심야영화를 봐야 하거나 밤새 책을 봐야 하는데 배우자는 그것을 싫어할 수도 있기 때문이다.

솔직한 대화로 해결책을 찾았어도, 서로의 습관에 익숙해지기 위해서는 많은 시간이 걸린다. 서로가 일어나는 시간이 다를 때, 그 차이 나는 시간 간격만큼 다른 사람의 상태를 배려해 주어야 하기 때문이다. 당신의 습관이 어떻든, 아침에 일어날 때나 잠자리에 들기 전에 배우자가 받아들일 수 있는 것과 받아들일 수 없는 것을 물어 보라. 배우자를 위해서 당신의 습관을 조금쯤은 양보할 수 있는 방법이 생길 것이다.

시간적인 간격이 나는 것을 적당히 타협할 줄 알아야 한다. 하지만 인내심을 갖고 기다릴 만큼 쉽게 고쳐지지 않은 습관들도 있다.

외모가 중요한가?

외모를 무척이나 중요시하는 사람들이 있다. 옷차림, 태도, 사회적 위치 등등. 반면에 남들이 어떻게 보든 별로 신경 쓰지 않는 사람들도 있다. 당신은 어느 쪽인가? 당신이 좋아하는 점이나, 배우자감에게 기대하는 점들은 사실 제 눈에 안경이라고밖에 할 수 없다. 당신의 배우자감이 주중에는 근사한 양복을 입고 주말에는 낡은 스웨터 차림이라면, 이 점을 당신은 어떻게 받아들이겠는가?

사귀는 사람과 함께 다양한 사교 모임에 참석하다 보면, 그 사람이 적당히 차려입는지 아닌지가 분명해질 것이다. 예를 들어, 당신이 친구 결혼식에 가는 날 남자 친구가 정장 대신 캐주얼 차림으로 나타난다면, 당신은 아무렇지 않게 받아들일 수 있을까? 그렇지 않은 경우라면, "좋아, 결혼만 하면 내가 다 바꿔 줄 거야"라는 자만으로 결혼 계획을 세우지 말라. 그 사람이 결혼식장에 무슨 옷을 입고 나타날지 그 누가 알겠는가?

상대방의 옷차림이 지금은 사소하게 생각될 수도 있다. 하지만 미래를 생각해 보라. 내가 아는 어떤 여자는 결혼한 지 1년이 지났는데, 갑자기 남편에게 옷 입는 방식이 마음에 안 든다는 핀잔을 들었다. 섹시한 맛이 없다는 이유였다. 그녀는 그야말로 뒤통수를 얻어맞은 격이었다. 전에는 남편이 단 한 번도 그런 얘기를 한 적이 없는 데다가 심지어 예쁘다고까지 칭찬했던 것이다.

여기서 말하는 요점은, "결혼하자"라고 대답하기 전에 이런 문제들에도 주의를 기울여야 한다는 것이다. 외면적인 것들이 자신에게 전혀 중요하지 않을지라도 상대방에게는 극히 중요할 수도 있는 일이기 때문이다. 나중에 놀라기 전에, 지금 알아보는 게 낫지 않을까?

각기 다른 환경에서 서로를 만나 보자. 공식적인 모임과 보다 편안한 모임에 두루 참석하다 보면 겉모습에 대한 그이 진짜 태도를 알 수 있다. 그것을 중요하게 여기는 사람이라면 그 점을 이야기하자. 배우자 감의 반응을 지금 아는 게 더 낫다.

결혼 계획

나는 꽃다발과 친구들이 가득한 교회에서
정말 우아한 결혼식을 올리고 싶었다.
그런데 나의 약혼자는 날 자기 아내로 만들어 주는
결혼식이면 어떤 것이든 상관없다고 대답했다.

_무명씨

드디어! 당신은 101가지 질문 (그 이상일 수도 있다)을 거쳐서 여기까지 이르렀다. 그리고 두 사람을 갈라놓을 만큼 높은 장애물이 없다는 결론에 도달했다. 두 사람은 서로에게 딱 맞는 배필이며, 남편과 아내로서 평생을 살아가기로 약속했다. 그리고 이제 즐거운 일만이 남았다. 결혼식을 올리는 것이다.

수백 명이 참석한 가운데 종교적인 결혼을 할 것인가, 예식장에서 결혼할 것인가? 아니면 어느 낯선 섬으로 도망쳐서 둘만의 결혼식을 올릴 것인가? 결혼 계획에서 가장 중요한 부분은 둘 다 즐거워할 수 있는 결정을 내려야 한다는 것이다. 흔히 신랑들은 "난 참석만 할 테니까, 당신이 하고 싶은 대로 다해"라는 식의 무심한 태도를 보이곤 한다. 하지만 나는 두 사람이 모두 이 계획에 적극적으로 개입해야 한다고 본다.

나란히 주례 앞에 서기 전에 생각해 봐야 할 일들은 한두 가지가 아니다. 법적으로 새로운 인연을 맺게 될 부모님, 자신의 부모님, 그분들도 나름대로의 의견을 내고 싶어 할 것이다.

　내가 한 가지 충고를 하자면, 결혼이 가족들의 압력과는 상관없이 두 사람이 원하는 방식으로 재단되어야 한다는 것이다. 처음부터 이 점을 분명히 해 두면, 거절하기 곤란한 가족들의 간섭을 어느 정도 피할 수 있을 것이다. 어떤 방식이 되던, 지금으로부터 50년 후에 돌이켜 봐도 당신의 인생에서 가장 중요한 순간으로 기억할 수 있게끔 결혼식을 특별한 시간으로 만들어 보라.

두 사람 사이에 아무리 안 좋은 일이 있었더라도, 잠들기 전에는 꼭 키스를 하세요. 아침에 안 좋은 일이 있었던 것조차 기억하지 못하게 될 것입니다.

적어도 일주일에 1시간, 가족 모두가 모여서 대화하는 기회를 가져 보세요. 여행 계획에 대해서도 좋고, 한 주일 동안 일어났던 일들에 대해서도 좋고, 다른 어떤 내용이어도 좋습니다. 가족계획, 가정사에 대해서 많이 알게 되면 아이들도 가정에 애착을 느끼게 됩니다. 아이가 없을 때에도 마찬가지 입니다. 몇 시간 텔레비전을 볼 여유가 있다면, 가족과 함께 하는 1시간쯤(적어도) 내기란 어렵지 않을 것입니다. 돈도 재산도 중요하지만, 배우자를 배려해 주고 그의 욕구를 이해해 주는 것을 우선으로 여겨야 합니다. 각자 상대방을 배려해 준다면 행복은 저절로 찾아 들게 되지요. 자신이 원하는 일만 생각하고 배우자의 욕구를 2차적인 것으로 돌려 버리면 필시 문제가 일어납니다. 이기심은 행복한 결혼생활을 만들어 주지 못합니다.

서로의 생각을 전달하기 위해서 대화가 꼭 필요합니다. 배우자가 당신 마음속의 일들을 다 알 거라고 짐작하지 마세요. 침묵도 불행한 결혼생활로 향하는 지름길입니다. 침묵은 의심과 대답 없는 질문을 부릅니다. 풍요로운 미래를 맞이할 수도 없겠지요.

배우자가 가정의 테두리 밖에서 흥미를 추구할 수 있도록 용기를 북돋아 주세요. 자신의 방식대로 자신의 능력을 사용할 수 있는 일이나 취미를 찾아다닐 수 있게 지원해 주세요. 그럼 아침에 기운차게 일어날 이유가 생길 뿐 아니라 성취감과 만족도 느낄 수 있습니다.

자녀에게 너무 많은 시간을 쏟아붓느라, 정작 가장 중요한 부부간의 시간을 소홀이 여겨서는 안 됩니다. 아이 기를 때 남편에게 소홀해지는 여자는, 남편과 아내로서의 침밀감을 잃어버리기 쉽습니다. 남편에게도 자녀 양육에 참여하고 있다는 느낌을 전해 주어야 합니다. 이런 일이 아이들에게도 당연히 유익합니다. 그리고 무엇보다 가장 중요한 것이 있습니다. 적어도 하루에 한번씩 "사랑해"를 말하세요. 사랑은 결혼을 지속적인 관계로 맺어 주는 접착제입니다. 아무리 나이가 들어도, 진심으로 다정하게 "사랑해"라고 말해 주는 그 소리를 듣기 싫어할 사람은 없습니다. "사랑해"

사람마다 이유가 다르듯이 살아가는 모습도 각기 다르다. 하지만 지지고 볶으면서 살아간다는 그 말은 가감 없는 진실이다. 일단 결혼을 하면 그야말로 지지고 볶아야 한다. 많은 부분에서 부딪히며 싸우며 혹은 토닥여 주며 혹은 예뻐해 주기도 하고 극단적인 언행으로 서로를 비난하기도 한다. 사랑과 애정이 넘치는 순간이 있지만, 원망과 분노로 치를 떨게 되는 순간도 있을 수밖에 없다.

쉽게 결혼할 수는 있을지언정(사실 쉽지 않은 사람들도 많다) 결혼해서 사는 일은 결코 쉽지가 않다. 때로는 예전에 몰랐던 상대방의 모습에 실망과 심지어 절망까지 느껴야 하고, 가끔은 나 자신조차 몰랐던 새로운 일면(대개는 나쁜 일면)을 발견하며 흠칫 놀라기도 한다. 어쩌면 이 모든 것이 서로에게 가장 가까운 사람이자 가장 소중해야 할 사람이기 때문일지도 모르겠다. 그만큼 바라는 것도 많고 기대하는 바도 크기 때문이리라.

하지만 어른들은 흔히 이야기한다. 결혼생활에는 인내가 필요하다고. 좋은 게 좋은 거라고. 둥글게 둥글게 살아가다 보면 어느덧 삶의 지혜도 깨닫게 된다고. 어른들의 말이 옳다는 것을 그 당시에는 알지 못한다. 나중에 지나고 나서야 "아, 그 말씀이 진리였구나" 깨닫는 순간이 올 뿐이다.

이 책이 지닌 단 하나의 진리를 고르자면, 이렇다.

"지금 아는 것을 그때도 알았더라면…" 혹은 "나중에 후회하기 전에 지금부터 알고 가자"

서로 다른 사고방식, 서로 다른 경험, 서로 다른 가치관을 지닌 두 사람이 만나서 한번 잘살아보겠다고 약속하는 것이 결혼이다. 처음 시작할 때의 마음이야 누구나 우아하고 고상하다. 하지만 결혼이라는 현실을 모르고 뛰어들기에는 너무 위험한 것이 결혼이기도 하다.

이 책이 결혼이라는 일생일대의 도박을 꿈꾸는 당신에게 확실한 성공을 보장해 주지는 못할지 모른다. 하지만 최소한 실패하지는 않을 만한 기본 지침은 마련해 줄 것이다. 또한 그 길을 알고자 하는 사람이라면 가시밭길이 아닌 평화로운 산책로를 발견할 수 있으리라 믿는다.

결혼이 불안한 당신에게

초판 1쇄 인쇄 2022년 4월 20일
초판 1쇄 발행 2022년 4월 25일

지은이   시드니 J. 스미스
옮긴이   나선숙
펴낸이   한익수
펴낸곳   도서출판 큰나무
등록   1993년 11월 30일(제5-396호)
주소   (10424)경기도 고양시 일산동구 호수로430번길 13-4
전화   031 903 1845
팩스   031 903 1854
이메일   btreepub@naver.com
블로그   blog.naver.com/btreepub

값 15,000원
ISBN 978-89-7891-353-9 (03190)
잘못 만들어진 책은 구입하신 서점에서 교환해 드립니다.